IL GRANDE LIBRO DEL CORGI

David **Anderson**

Dati di Catalogazione

David Anderson

Il grande libro del Corgi ----Prima edizione.

Sommario: "Crescere con successo un Corgi da cucciolo fino alla vecchiaia" – Fornito dall'editore.

ISBN: 978-1-961846-69-2

[1.Corgis --- Saggistica] I. Titolo.

Questo libro è stato scritto con l'intento di fornire informazioni accurate e autorevoli riguardo all'argomento trattato. Sebbene ogni ragionevole precauzione sia stata adottata nella preparazione di questo libro, l'autore e l'editore declinano espressamente ogni responsabilità per eventuali errori, omissioni o effetti avversi derivanti dall'uso o dall'applicazione delle informazioni contenute all'interno. Le tecniche e i suggerimenti devono essere utilizzati a discrezione del lettore e non intendono sostituire l'assistenza veterinaria professionale. Se sospettate un problema medico nel vostro cane, consultate il vostro veterinario.

Design di Sorin Rădulescu

Prima edizione italiana, 2025

INDICE

Introduzione

I Corgi sono cagnolini molto affettuosi e intelligenti che possiedono la personalità tipicamente associata a cani di taglia più grande. Sono ottimi cani da guardia ed eccellenti compagni. Con una fisicità inconfondibilmente unica, è facile capire perché così tanti proprietari portino i loro Corgi in tanti luoghi diversi. Forse, i Corgi più famosi sono quelli che accompagnavano quasi ovunque la Regina d'Inghilterra; un motivo in più per cui questi cani sono così popolari e rappresentano una razza tanto conosciuta.

Questi cani sono stati originariamente allevati in Galles nel corso dei secoli per essere eccellenti cani da pastore, il che spiega la loro intelligenza e robustezza. È anche il motivo per cui sono relativamente facili da gestire – sono incredibilmente fedeli e amano stare con il loro branco.

Esistono due tipi di Corgi: il Pembroke, popolare e giocherellone, e il Cardigan, dignitoso e socievole. Hanno molti più tratti in comune che differenze, ma queste ultime sono sufficienti per permetterti di distinguere a prima vista a quale dei due tipi appartenga un Corgi. Tuttavia, le loro personalità sono un po' più distinte, quindi dovresti sapere quale tipo ha più probabilità di essere il compagno giusto per il tuo stile di vita.

Indipendentemente dal Corgi che scegli, avrai un fantastico piccolo amico che sarà entusiasta di provare cose nuove tanto quanto te.

I Corgi sono piccoli e compatti e, con la loro intelligenza, possono effettivamente intrufolarsi in molti posti dove non vorresti che andassero. Anche un Corgi ben addestrato combinerà qualche marachella di tanto in tanto. Imparerai a tenere il cibo fuori dalla loro portata. È anche importante controllare il loro apporto calorico: questo è in qualche modo più facile di quanto tu possa pensare, dato che hanno un livello di energia relativamente alto (anche se alcuni Corgi sono più tranquilli). Mentre puoi far sfogare la maggior parte dell'energia del tuo Corgi con un paio di lunghe passeggiate o molto gioco in casa, fare escursioni più lunghe sarà vantaggioso perché manterrà il tuo cane in forma.

I Corgi possono essere molto divertenti, a patto che tu faccia loro capire che sei tu il capobranco. Finché sarai coerente nell'addestramento e nella cura, il tuo Corgi probabilmente non avrà problemi a riconoscere che sei tu il capo del branco. Questo non significa che il tuo cane non cercherà di farla franca in alcune situazioni, ma questa inclinazione a combinare guai è parte di ciò che rende i Corgi così adorabili e facili da amare.

CAPITOLO 1

Descrizioni e caratteristiche

Caratteristiche distintive

C'è ben poca possibilità di identificare erroneamente un Corgi, dopo averne visti un paio: è un cane basso e robusto, simile a un Bassotto, ma con orecchie molto distintive (come antenne radar) e caratteristiche facciali che ricordano una volpe.

Sono cani piccoli, ma racchiudono una personalità e un'intelligenza molto potenti in quel piccolo corpo. I Corgi sono molto astuti e non hanno paura di fartelo sapere. Sono compagni incredibili e facili da portare in viaggio poiché non richiedono molto spazio.

Foto di
Kandace Wilkens

Pembroke o Cardigan?

Un Corgi sembra un Corgi, indipendentemente dal fatto che sia il molto popolare Welsh Corgi Pembroke o il più raffinato Welsh Corgi Cardigan. Hanno molte più caratteristiche fisiche in comune che differenze, ma di solito puoi comunque capire di quale tipo sia un Corgi basandoti sul colore e su alcuni altri tratti.

Aspetto

Nonostante la sua bassa statura, il Corgi è considerato un cane di taglia media perché è molto robusto e ha un corpo piuttosto lungo. Sono solitamente alti tra i 25 e i 30 centimetri e pesano tra i 9 e i 18 chili. Quando osservi la loro testa e il loro corpo, sembra che le zampe semplicemente non siano cresciute in proporzione al resto. Hanno un bellissimo mantello che si presenta in diversi colori:

- Nero
- Fulvo e nero
- Tigrato
- Grigio
- Blu maculato
- Rosso

Oltre alla loro taglia e al mantello, i Corgi hanno due caratteristiche molto riconoscibili: grandi orecchie dritte e un muso che ricorda quello della volpe. Le loro orecchie sono solitamente ben erette, e i Corgi le usano eccezionalmente bene (è uno dei motivi per cui sono noti per abbaiare molto). I cuccioli di Corgi sembrano essere fatti quasi interamente di orecchie.

Il muso simile a quello di una volpe appare con un sorriso perenne, che è uno dei motivi per cui i Corgi sono cani così popolari: sembrano felici, e si comportano come tali, la maggior parte del tempo.

Temperamento

I Pembroke e i Cardigan hanno più differenze tra le loro personalità che tra i loro aspetti fisici; tuttavia, alcuni tratti sono abbastanza universali.

Sono incredibilmente intelligenti; quindi, finché sei costante e dedicato nel tuo regime di addestramento, dovresti avere un compagno fantastico. È uno dei motivi per cui sono così popolari e perché anche chi non ha mai posseduto un cane può apprezzarli. I Corgi capiscono rapidamente cosa vuoi durante l'addestramento, anche se questo significa che possono anche capire come infrangere le regole: se non stai attento, potresti finire per essere tu ad essere addestrato dal tuo Corgi.

Una delle poche cose che hanno in comune con altri cani di piccola e media taglia è che abbaiano, e parecchio. Questa è una delle maggiori lamentele sui Corgi. Con le loro grandi orecchie sensibili, sentono praticamente tutto e sono molto veloci ad avvisare tutti su ciò che sentono. Questo è uno dei motivi principali per cui è così importante socializzare il tuo Corgi: impedisce al tuo cane di essere disturbato da ogni piccolo rumore.

Sono cani energici, il che significa che portarli a fare almeno un paio di passeggiate al giorno è il modo migliore per assicurarti che il tuo Corgi non causi molti problemi.

Sono cani da lavoro, il che significa che ci sono diversi tratti a cui devi prestare attenzione, come il mordicchiare. Sono ottimi cani da famiglia, anche se non sono particolarmente affezionati ai bambini piccoli. I rumori forti causati dai bambini piccoli possono essere fonte di dolore e fastidio per loro.

Come altri cani da lavoro intelligenti, tendono a essere individualisti e testardi: mentre questa è una grande caratteristica per i cani da pastore, è qualcosa che vorrai addestrare a evitare in un animale domestico.

Infine, possono essere individualisti, ma non amano stare soli a lungo. Se vengono lasciati a casa da soli per un'intera giornata lavorativa di otto-dieci ore, tendono a diventare irrequieti e ansiosi, e lo manifestano distruggendo oggetti. Con l'addestramento puoi facilmente risolvere questi problemi, ma è meglio non lasciarli soli per lunghi periodi di tempo. Se non altro, avere un altro cane intorno aiuterà a calmare il tuo Corgi.

È un Pembroke!

Mentre i due tipi sembrano incredibilmente simili, puoi capire se stai guardando un Welsh Corgi Pembroke controllando alcune caratteristiche diverse.

Orecchie

Le orecchie del Pembroke sono più triangolari, con un aspetto particolarmente appuntito. Questa forma enfatizza quanto sia appuntito il muso del Corgi, e conferisce loro un aspetto particolarmente adorabile quando stanno per ricevere un premio.

Coda

La coda del Pembroke è anche solitamente corta, quasi nascosta: se vedi un Corgi che sembra praticamente non avere la coda, stai guardando un Welsh Corgi Pembroke.

Mantello

Mentre i mantelli tendono a essere meno indicativi rispetto alle altre due caratteristiche, i Pembroke di solito hanno del fulvo nel loro mantello. Ne puoi trovare alcuni che sono principalmente neri e bianchi, ma se guardi attentamente, c'è di solito del fulvo, almeno sul muso.

Altezza

I Pembroke tendono a essere più bassi, anche se questo non ti aiuterà molto, se non hai un esemplare di ciascun tipo per confrontare l'altezza. In genere, dovrai fare affidamento sugli altri attributi fisici per essere in grado di identificare quale dei due tipi di Welsh Corgi stai vedendo.

*Foto di
Cassie Thwaites*

Temperamento

Il Pembroke è noto per essere il più amichevole dei due (erano i cani preferiti della Regina Elisabetta II) ed è altamente adattabile. Di fronte a una sfida, un Pembroke è più propenso a cambiare per adattarsi all'ambiente. I Pembroke hanno anche un livello di energia notevolmente più alto rispetto alla controparte, rendendoli una scelta migliore se desideri un compagno costante per escursioni all'aperto.

La loro personalità affascinante è ciò che li rende anche i più popolari dei due tipi. Per chi desidera un compagno costante senza doversi preoccupare che il cucciolo si stanchi troppo velocemente, questo è il Corgi che fa per te.

È un Cardigan!

Puoi definire il Welsh Corgi Cardigan come il più dignitoso dei due tipi: tendono a essere più calmi, più silenziosi e un po' meno amanti dei cambiamenti. Tuttavia, hanno le orecchie a forma di radar più classiche che le persone associano al Corgi. Potrebbero non essere popolari quanto i loro parenti stretti, ma sono comunque incredibilmente dolci.

Foto di
Michele Eathorne

Orecchie

I Cardigan hanno orecchie molto più arrotondate, che hanno l'aspetto di due grandi antenne radar sopra la testa. Le orecchie tendono a essere più lunghe e sono più evidenti quando il cane le ruota per sentire tutto ciò che accade intorno a lui.

Coda

Se vedi un Corgi con una coda che sembra essere di lunghezza normale, è quasi certamente un Cardigan: la lunga coda scodinzolante di un Cardigan è una delle due caratteristiche più distinguibili di questa tipologia.

Mantello

Mentre dovrai concentrarti sulle orecchie e sulla coda, puoi fare la tua prima valutazione controllando il mantello: il Cardigan tende a essere il più colorato dei due tipi, con alcuni che non hanno affatto fulvo o beige. Se il mantello del Corgi è maculato o tigrato, è quasi certamente un Cardigan; se il mantello è nero e bianco, è probabilmente sempre un Cardigan, ma dovresti controllare la presenza di fulvo e beige sul muso - potrebbe essere solo ben nascosto. Ci sono anche Cardigan che hanno la stessa colorazione del mantello dei Pembroke; quindi, osservare il mantello è solo un modo per fare la tua ipotesi iniziale sul tipo di Corgi che hai davanti.

Altezza

Il Cardigan tende a essere il più alto dei due cani, il che è irrilevante se non hai sia un Pembroke che un Cardigan nelle vicinanze.

Temperamento

I Cardigan sono i Corgi più rilassati e preferiscono che le cose rimangano uguali. Possono adattarsi; semplicemente sono più propensi a godersi una routine che non coinvolge estranei. Sono più propensi a stare bene anche se saltano occasionalmente una passeggiata (è meno probabile che abbiano energia in eccesso che dovranno sfogare sui tuoi mobili quando salti le passeggiate).

Una breve nota sul temperamento

Sebbene sia vero che puoi generalizzare i tipi di personalità in base al Corgi, ogni Corgi è diverso. Potresti scoprire che il tuo Cardigan è avventuroso e amichevole come un Pembroke, o potresti avere un Pembroke che preferisce una bella serata tranquilla a casa. Gran parte della loro personalità ha a che fare con il loro addestramento e la genetica. Non è certamente una cosa negativa, perché tutti i tratti di personalità più basilari sono abbastanza universali e sono ciò che rendono il Corgi così popolare in primo luogo – molte persone non sono nemmeno consapevoli che esistano due tipi diversi di Corgi.

CAPITOLO 2

Storia e caratteristiche della razza

L'origine del cane è proprio nel suo nome – il Welsh Corgi. Originario del Galles, questo cane era ideale per radunare il bestiame nelle colline fredde, umide e ondulate della regione. La sua taglia compatta gli conferiva un vantaggio distintivo nel prendersi cura della mandria, poiché era molto più difficile da colpire con un calcio rispetto a un cane più grande.

I Corgi esistono da secoli, forse millenni – abbastanza a lungo da avere persino una leggenda sulle loro origini.

Il Galles agrario e la conduzione del bestiame

Né l'arrivo e l'evoluzione né l'origine del nome della razza sono noti con certezza. Entrambi sono andati perduti nella storia, rendendo sia l'evoluzione che il nome fonte di dibattito tra gli amanti dei Corgi e dei cani in generale. Mentre le storie sono un po' più sobrie rispetto alle leggende, vi sono ancora molti punti oggetto di discussione, rendendo la storia del Corgi un ricco intreccio di congetture.

Gli esordi

Prima di tutto, esaminiamo il possibile arrivo dei cani in Galles.

È possibile che i Vichinghi o i Celti abbiano portato una versione primitiva del Corgi sull'isola. Se i Vichinghi fossero stati la fonte originale, il Corgi sarebbe arrivato intorno all'800 d.C.; se invece fossero stati i Celti, avrebbero portato i cani durante il 1200. Non sono disponibili sono prove sufficienti per sostenere nessuna di queste ipotesi come fonte originale.

Ciò che è noto è che i cani si trovavano principalmente in Galles (motivo per cui l'arrivo è attribuito ai Vichinghi o ai Celti). Avevano anche uno scopo molto chiaro: erano cani ideali sia per il bestiame che come guardiani, sebbene inizialmente venissero utilizzati solo in testa alla mandria per tenere i predatori lontani dal bestiame e dalle greggi. Successivamente, gli abitanti del Galles si resero conto che i cani erano altrettanto utili nel guidare il bestiame, così vennero impiegati sia per proteggere che per radunare. È da qui che derivano le tendenze del Corgi ad abbaiare spesso e a mordere leggermente, tendenze che sono ancora relativamente forti oggi (anche se possono essere gestite con un addestramento adeguato). Si ritiene che, a questo punto, i cani originali siano stati incrociati con cani da pastore per migliorare i loro istinti di conduzione. Questo si rivelò particolarmente utile per portare il bestiame al mercato.

Il bestiame non era l'unico animale che i Corgi gestivano: erano anche responsabili della sicurezza dei volatili domestici, un compito molto meno arduo rispetto alla conduzione del bestiame. Tuttavia, dopo aver protetto il branco dai predatori, i cani avevano il loro bel da fare a radunare gli uccelli per riportarli nei ricoveri al calar della sera. Questo è in realtà piuttosto sorprendente se si considera quanto i Corgi abbaino, ma all'epoca non tutti erano così proficuamente vocali: questo era essenzia-

Foto di
Cassie Thwaites

18

le poiché gli uccelli tendono a essere nervosi per natura, e l'abbaiare li avrebbe dispersi, invece di radunarli in un'area designata. Se hai mai provato a far spostare dei volatili in una certa area, puoi capire come il Corgi abbia sviluppato una volontà così forte.

Essendo piccoli, i Corgi erano anche cani ideali per liberarsi di parassiti e infestanti. Col tempo, vennero impiegati anche per aiutare nella caccia, poiché potevano facilmente entrare in aree troppo piccole per cani più grandi e alti.

Sono sempre stati cani incredibilmente versatili e adattabili, il che è una ragione significativa per cui oggi sono così intelligenti.

Tutto nel nome

Esistono diverse teorie sull'origine del nome Corgi.

- Potrebbe essere stata la parola celtica per cane, considerando che non esistevano molte razze sull'isola.
- Potrebbe essere una combinazione di due parole celtiche, cor (nano) e ci (cane). Ci avrebbe dovuto evolversi in gi a un certo punto, ma è così che tendono a funzionare le lingue; quindi, la spiegazione ha senso a livello linguistico.
- La parola potrebbe avere radici inglesi e significare "cur" o cane. Le parole inglesi un tempo venivano pluralizzate con en o n; quindi, l'uso della parola Corgwn potrebbe essere una forma plurale di Corgi. Questa teoria è supportata dal numero di canzoni del XIV e XV secolo che elogiano i Corgwn. All'epoca, "cur" non aveva la connotazione negativa che ha oggi nella lingua inglese: indicava semplicemente un cane da lavoro (in contrapposizione a un animale domestico o un cane di classe superiore).

Le precedenti supposizioni sono radici molto sensate e logiche per il nome del cane; tuttavia, il racconto più interessante proviene dalle leggende che circondano la razza.

La leggenda del Corgi

Una delle teorie dietro il nome Corgi si lega in realtà alla leggenda: si diceva che i cani fossero i compagni di elfi e fate, svolgendo per loro lo stesso lavoro che i cavalli facevano per gli umani. Si pensava che i Corgi si allontanassero di nascosto dalle loro case di notte per stare con i loro amici magici. Si dice che quando guardi i Corgi Pembroke, i segni su molti di loro (il bianco intorno alle spalle e al collo) appaiano simili a piccole selle, indicando il loro uso come destrieri da parte di piccole creature.

È una leggenda molto carina e incantevole per un cane così piccolo, ma così pieno di personalità.

Racconti sulla divergenza delle due razze

I Cardigan sono la razza più antica, con gli inizi della loro esistenza stimati intorno a 3.000 anni fa. Ovviamente, la razza non aveva niente a che vedere con il Corgi di oggi (la versione attuale è stata allevata dai cani originali). Provengono dalla stessa famiglia canina che ha prodotto un cane dall'aspetto simile e lungo, il Bassotto.

Si ritiene che l'attuale versione del Cardigan sia stata allevata dai cani che le tribù celtiche portarono quando arrivarono in Galles.

Il Welsh Corgi Pembroke è sia più conosciuto che più popolare del Cardigan. I primi documenti sul Pembroke risalgono al 1107, ma si sa poco altro sui primi giorni del cane. Alcuni credono che siano il risultato dell'incrocio con il cane da bestiame svedese popolare tra i Vichinghi;

Foto di
MaryAnn Carney

altri pensano che siano un mix tra il Corgi originale e lo Spitz, una razza portata in Galles dagli immigrati fiamminghi.

La razza non fu riconosciuta fino agli anni '20, quando i due tipi furono raggruppati insieme come Corgi.

Guida rapida ai loro pregi e difetti

C'è molto da amare in questi cani, e sono adatti a molte case. Tuttavia, non sono per tutti. Possono essere un ottimo primo cane se non hai mai avuto un cane prima, ma dovresti essere consapevole di alcune caratteristiche che le persone trovano frustranti. Se non altro, puoi prepararti e addestrare il cane per minimizzare gli aspetti che pensi possano infastidirti.

Pregi

I Corgi sono intelligenti, allegri e incredibilmente leali. Amano le persone che fanno parte del loro branco e sono entusiasti di uscire all'aperto.

Foto di
Caitlin Cassity

Sono noti per essere molto affidabili e facili da addestrare, due caratteristiche che li rendono fantastici per le persone che non hanno mai avuto un cane prima.

La loro piccola statura rende facile adottarli e mantenerli attivi anche in un appartamento (anche se la loro tendenza ad abbaiare potrebbe renderli meno che ideali per la vita in condominio).

Hanno una personalità da cane grande. In altre parole, amano imparare cose nuove, fare trucchi e generalmente essere attivi. Non si scoraggiano nemmeno per il fatto di non poter tenere il passo con i cani più grandi, poiché persistono fino a raggiungere i loro obiettivi. La loro personalità è facilmente attribuibile alla loro storia di cani da lavoro – venivano trattati come i cani più grandi, quindi hanno imparato gli stessi comportamenti.

Amano stare con le persone (a volte anche troppo) e ti faranno sentire molto benvenuto quando torni a casa.

La toelettatura è molto facile perché hanno un pelo corto che non si annoda facilmente.

Difetti

Probabilmente, i due tratti più fastidiosi del Corgi sono la sua propensione ad abbaiare e la tendenza a mordere leggermente. Con l'addestramento, puoi eliminare l'abitudine di mordere dal tuo giovane Corgi, ma l'abbaiare è qualcosa che molti Corgi non superano mai: li rende ottimi cani da guardia poiché la loro voce non è quella di un cane piccolo, ma può rapidamente diventare una fonte di fastidio se non ti aspettavi un cane così vocale.

Tendono a mangiare più di quanto dovrebbero (come molti cani), ma con la loro piccola taglia questo è un problema concreto se non monitori attentamente il loro apporto calorico. Con la loro schiena lunga, i Corgi devono mantenere un peso sano, cosa con cui faticano perché amano il cibo. Famosi per la loro intelligenza, sono noti per escogitare modi per arrampicarsi su sedie (dopo averle spostate) per raggiungere il cibo su tavoli e ripiani.

Entrambi i tipi di Corgi perdono pelo abbondantemente. Con il loro pelo folto e corto, perdono pelo praticamente tutto l'anno. Una toelettatura frequente può minimizzare questo problema, ma non puoi eliminarlo completamente.

Sono pieni di energia, il che è una cosa fantastica se sei una persona attiva. Se non ti piace uscire regolarmente o se non puoi uscire quasi quotidianamente, i Corgi probabilmente non sono una scelta ottimale come compagni, perché tendono a essere distruttivi quando rimangono soli troppo a lungo o quando non fanno regolare esercizio fisico.

Tendono anche a essere testardi e indipendenti, il che può essere problematico se non sei assertivo e coerente nella loro cura.

Una scelta Reale

Una delle cose che viene quasi sempre menzionata quando si parla di Corgi è il loro collegamento con la più famosa Regina d'Inghilterra: tutti i suoi cani erano Welsh Corgi Pembroke.

Il suo amore per i Corgi portò la Regina Elisabetta II ad avere più di trenta Corgi nel corso della sua intera vita, dopo aver ricevuto il suo primo Corgi da suo padre, il Re Giorgio VI, nel 1933.

Foto di
Cassie Thwaites

È interessante notare che le persone usano i Corgi per cercare di prevedere il prossimo nome dei membri della famiglia reale. Esiste un gioco (e puoi scommetterci sopra, se pensi di poter indovinare correttamente il prossimo nome) in cui ai Corgi vengono date pettorine con il nome più probabile che verrà dato al prossimo membro della famiglia reale.

CAPITOLO 3

La casa ideale

G razie alle loro dimensioni, i Corgi possono vivere comodamente e felicemente in quasi tutti i tipi di abitazione, compresi gli appartamenti (anche se i tuoi vicini potrebbero non essere altrettanto felici di tutto quell'abbaiare). Tuttavia, ci sono alcuni tipi di ambienti e stili di vita che si adattano meglio di altri.

Tieni presente che sono cani attivi: potrebbe non essere necessario avere un grande giardino, ma l'esercizio quotidiano è indispensabile. I Corgi sono anche intelligenti, il che significa che dovrai rendere a prova di cane certe aree della tua casa. La loro abilità nel rubare cibo e il loro alto livello di energia rendono l'attività regolare una priorità assoluta. Se non hai un giardino o spazio sufficiente per giocare veramente in casa, dovrai vivere vicino a qualche luogo dove poter portare regolarmente il tuo Corgi: potrebbe essere un parco o semplicemente molti marciapie-

*Foto di
Betsy Ellsworth*

di, in modo che il tuo Corgi possa fare passeggiate diverse con una certa regolarità.

L'ambiente ideale

I Corgi sono incredibilmente popolari grazie alle loro dimensioni e alle loro straordinarie personalità. Vista la facilità con cui possono essere addestrati, molte persone pensano che siano il cane perfetto da avere. Questo può essere vero per molte persone, ma come per ogni altro cane, esistono situazioni ottimali per loro.

Un canino compatto per qualsiasi casa

Una delle cose che le persone amano di più dei Corgi è il loro adorabile corpicino. Assomigliano molto ai Bassotti con i loro corpi lunghi e bassi, ma sono molto più robusti e larghi. Il loro peso li qualifica come cani di taglia media, cosa che può sembrare strana finché non ne sollevi uno. Eppu-

Foto di
Tammie Songer

re, non arrivano nemmeno molto in alto sugli stinchi di un adulto. La loro piccola statura e la corporatura robusta significa che possono facilmente sedersi con te sul divano o sdraiarsi ai piedi del tuo letto senza occupare molto spazio, ma c'è comunque abbastanza cane da abbracciare.

Non richiedono nemmeno un trasportino grande, sia per viaggiare che per l'uso domestico. Molti Corgi non hanno paura e sono entusiasti di vivere diverse avventure. La loro presenza può essere molto rilassante dopo una lunga giornata, e il loro entusiasmo può essere contagioso. Dato che sono in grado di andare quasi ovunque tu vada senza occupare molto spazio aggiuntivo, è facile capire perché le persone amino possederli.

Anche senza giardino va bene, purché il tuo Corgi faccia esercizio moderato

Foto di
Betsy Ellsworth

È quasi impossibile sottolineare eccessivamente l'importanza dell'esercizio fisico per i Corgi. Tenendo presente la loro storia come cani da lavoro altamente adattabili (pastorizia, protezione, cattura di parassiti, caccia e cura del pollame), non dovrebbe sorprendere che abbiano molta energia concentrata in quel piccolo corpo. Non hai bisogno di un giardino, ma devi essere determinato a portarli fuori per almeno un paio di passeggiate ogni giorno: camminare per il Corgi è più una questione di movimento che di bisogni fisiologici.

Se non puoi portare fuori il tuo cane spesso, hai bisogno di un giardino dove possa giocare e sfogare energia.

L'esercizio è essenziale per i Corgi per due motivi: ingrassano facilmente e possono diventare distruttivi se hanno energia repressa. Se non ti assicuri che il tuo Corgi abbia un modo per fare abbastanza esercizio, non puoi davvero biasimare il tuo cane se distrugge qualsiasi cosa a portata di mano – e con una mente così acuta, possono arrivare in posti che non avresti mai pensato potessero raggiungere.

In sostanza, un giardino non è necessario purché tu abbia luoghi dove fare esercizio nelle vicinanze.

Un avvertimento sugli appartamenti e l'abbaiare

Quelle orecchie fanno esattamente ciò che pensi dovrebbero fare – permettono ai Corgi di sentire cose che anche molti altri cani non notano. Con un udito così sensibile, non dovrebbe sorprendere che questi cani siano incredibilmente vocali: abbaieranno praticamente a qualsiasi cosa, dentro o fuori dalla tua casa.

Se le loro dimensioni li rendono ideali per un appartamento, la loro tendenza ad abbaiare aggiunge una nota a questo ideale: o hai pareti più spesse di quelle di un appartamento medio o vicini a cui non dia fastidio l'abbaiare costante, o devi addestrare il tuo cane ad abbaiare solo a certi tipi di suoni. La terza opzione è probabilmente la più difficile da raggiungere, poiché significa combattere secoli di istinto sviluppato.

Foto di Sunny Hanford

Quando usi gli strumenti giusti o adotti un cucciolo da genitori meno inclini ad abbaiare, hai maggiori possibilità di addestrare il tuo Corgi ad essere più silenzioso. Dopotutto, sono gli stessi cani che hanno aiutato a gestire i greggi, cosa che non avrebbero potuto fare bene se avessero abbaiato incessantemente. Sappi solo che potresti affrontare un'impresa erculea e che dovrai adattarti di conseguenza. Inoltre, pianifica come gestire l'abbaiare frequente, poiché questo ti assicurerà di poter reagire rapidamente durante l'addestramento.

Pavimenti di casa

Il Corgi sembra robusto, ma essere così basso a terra non significa che sia più facile per loro fermarsi su pavimenti scivolosi come il parquet o il vinile. Poiché tendono ad entusiasmarsi quando giocano, questo spesso significa che finiscono per scivolare contro le cose. Di solito si riprendono subito, ma a lungo andare, questo non è buono per il tuo Corgi.

Puoi mettere tappeti o tappetini antiscivolo nelle aree dove gioca il tuo Corgi per aiutare a garantire che il tuo cane rimanga al sicuro.

Non ideali con bambini piccoli

C'è molto da amare nei Corgi, ma una delle poche preoccupazioni è che un numero relativamente ampio di questi esemplari non ama i bambini piccoli. I bambini piccoli e altri "piccoli umani" sono più o meno alla stessa altezza di un Corgi, e questo può creare problemi. I bambini piccoli semplicemente non sono gentili, e i Corgi non amano essere maneggiati in modo brusco (sono abituati a essere i pastori, non quelli condotti).

Quando a questo aggiungi il fatto che i Corgi hanno un udito incredibilmente sensibile, non puoi davvero aspettarti che il cane sia affezionato ai bambini piccoli. I bambini in una certa fascia d'età stanno ancora esplorando i suoni che possono produrre, e il volume non è qualcosa che capiscono. Quando un bambino piccolo inizia a urlare e piangere, questo può essere fisicamente doloroso per un Corgi. Ciò significa che possono essere meno tolleranti (e meno che contenti) con i bambini piccoli.

Stile di vita ideale

Prima di tutto, i Corgi vogliono stare con te. La maggior parte di loro odia stare da soli, quindi se hai un Corgi, rimarrà al tuo fianco il più pos-

Foto di
Liza Gagne

sibile. Ciò significa che devi essere a casa più spesso di quanto non lo sei o che devi essere in grado di portare il tuo cane con te quando sarai via per lunghi periodi della giornata.

Hanno bisogno di molto esercizio, anche se non tanto quanto molti altri cani da lavoro poiché sono più piccoli. Ciò non significa che puoi diventare compiacente e saltare le passeggiate. Dovresti davvero goderti lo stare all'aperto, e un Corgi può rendere le tue escursioni ancora più piacevoli.

Punti di forza

Una delle cose che le persone amano dei Corgi è che sono incredibilmente attenti. Vogliono stare con te, ascoltarti e giocare con te. Naturalmente, vogliono anche stabilire le regole, ma puoi insegnare loro che non sono il cane alfa in modo che ascoltino meglio.

I Corgi sono anche cani giocosi e vengono spesso descritti come allegri. Grazie alle loro dimensioni, è più facile stancarli più velocemente, anche se alcuni sono noti per aver bisogno solo di una breve pausa prima di essere pronti per altre attività. Hanno molto spirito e amano essere attivi, quindi il potenziale per giochi e altri divertimenti è quasi illimitato.

Benefici comuni dell'esercizio

Un'altra cosa fantastica dei Corgi è che possono costringerti a fare più esercizio senza che sembri un compito. Tuttavia, non devi fare nulla di elaborato per mantenerli felicemente attivi: a differenza dei cani da lavoro più grandi, i Corgi si accontentano di frequenti passeggiate, qualche gioco in giardino e scorrazzate al parco.

Facendo esercizio con il tuo Corgi, entrambi state diventando più sani e rimanendo più sani. Il tuo cucciolo sarà stanco (almeno per qualche minuto) e tu avrai fatto qualcosa per te stesso che potresti non aver fatto senza il tuo cane.

L'esercizio mantiene anche il tuo Corgi intrattenuto. Poiché sono cani intelligenti, non stanno bene quando sono rinchiusi in casa per giorni interi. Non devi nemmeno fare esercizio secondo un programma fisso, ma quando tu e il tuo cane uscirete per fare esercizio regolarmente, il tuo Corgi sarà più felice.

Una vivace partita a riporto può essere sufficiente per far sfogare ai Corgi un po' di quell'energia in eccesso. Con le loro gambette corte, non devono andare così lontano per ottenere un esercizio adeguato. Ciò non significa che dovresti lesinare, però: se il tuo Corgi gioca a riporto per venti minuti di fila ed è ancora piuttosto eccitato, fare una passeggiata assicurerà che quell'energia sia consumata prima di rientrare in casa.

Foto di
Jae Ojala

Infine, poiché sono piccoli cani da lavoro, amano il cibo ma possono ingrassare rapidamente se non fanno esercizio spesso. Frequenti uscite all'aperto li manterranno mentalmente e fisicamente sani.

Attenzione alla solitudine e alla noia

I cani da lavoro sono noti per strappare, lacerare e distruggere qualsiasi cosa a portata di mano, quando vengono lasciati soli senza nulla da fare per lunghi periodi di tempo. I Corgi non sono diversi. In effetti, possono diventare ansiosi quando vengono lasciati soli per lunghi periodi, aumentando significativamente le probabilità che tu torni a casa trovando un completo disastro.

I Corgi non amano stare da soli; ecco perché molti Corgi hanno almeno un altro compagno canino. Il secondo cane non ti sostituisce, ma può far sentire il Corgi un po' più sicuro quando non ci sei.

Il fatto che siano intelligenti può anche essere un problema, perché possono capire come fare cose che non immagineresti mai. Ad esempio, possono capire come spostare una sedia dal tavolo in modo da poter saltare sulla sedia e poi sul tavolo e mangiare qualsiasi cosa tu abbia lasciato sul tavolo. La risoluzione dei problemi è qualcosa in cui sono estremamente bravi, e quando si annoiano o si sentono soli, questo può essere pericoloso per loro e per la tua casa.

Perdita di pelo: le due stagioni della muta

Il mantello dei Corgi è incredibilmente facile da gestire, ma quei folti manti perdono pelo in un modo che non crederesti. Puoi pensare ai Corgi come se avessero due stagioni di muta: la prima metà dell'anno e la seconda metà dell'anno. È quasi sconvolgente quanti peli questi piccoli canini compatti possano perdere. Nel giro di un giorno o due, inizierai a vedere piccole palline di pelo rotolare sul pavimento, e sarà praticamente impossibile liberarsene completamente.

Spazzolarli frequentemente aiuterà, ma avrai comunque peli di cane su tutto in casa e nel tuo guardaroba. È un prezzo relativamente piccolo da pagare per un cane così adorabile e affettuoso.

Estremamente sensibili: sentono tutto

Quelle grandi orecchie danno al Corgi un senso dell'udito che la maggior parte degli animali non ha, e questo comporta due svantaggi: sono infastiditi dai rumori forti e rispondono praticamente a qualsiasi cosa.

Con i Corgi, devi fare attenzione per assicurarti di non ferire le loro orecchie. Non sono infastiditi dal loro stesso abbaiare, ma i rumori forti e le urla possono influenzarli negativamente. È per questo che tendono a essere cauti o a mantenere le distanze dai bambini piccoli: i bambini piccoli tendono a strillare e gridare, e questo può far male alle orecchie del Corgi. Anche i rumori forti sono più forti per il tuo Corgi, quindi devi fare attenzione a non ferirli portandoli in luoghi dove c'è molto rumore. Non è una situazione così grave da dover adattare la tua vita intorno a questa caratteristica, ma è qualcosa di cui dovresti essere consapevole per il bene del tuo Corgi.

Il loro incredibile udito è il motivo per cui questi cani sono noti abbaiatori. Qualsiasi piccolo suono può farli scattare. Molto probabilmente, dovrai imparare a sopportare una certa quantità di abbaiare inutile a quello che tu pensi sia niente: sentono suoni che tu non senti, e non hanno paura di farsi sentire quando lo fanno.

Un piccolo cane per chi ama i cani grandi

Se ami i cani grandi ma non hai spazio in casa, i Corgi sono un'alternativa perfetta. Ti daranno lo stesso tipo di attenzione e affetto che otterresti da un Labrador o un Golden Retriever, senza le dimensioni. Saranno altrettanto attivi e ti aiuteranno a sentirti meglio alla fine di una lunga giornata. Alla fine, vogliono solo stare con le loro persone, giocare e godersi l'aria aperta.

Pembroke: amante del divertimento e affettuoso

I Pembroke sono i più popolari dei due tipi di Corgi perché sono più socievoli e affettuosi. Vogliono stare fuori a fare cose e godersi qualsiasi cosa tu stia facendo. Il tuo Pembroke proviene da una lunga stirpe di cani noti per radunare e condurre animali molto più grandi (e alcuni più piccoli): questo rende il tuo cane impavido e curioso, il che è un diverso tipo di intrattenimento. Amano i cambiamenti e possono adattarsi rapidamente a nuovi giochi ed eventi.

Cardigan: protettivo e intelligente

I Cardigan sono i più tranquilli e rilassati dei due cani. È meno probabile che si lamentino di stare a casa di più (anche se richiedono comunque una buona dose di esercizio, quindi non essere troppo compiacente). Preferiscono che le cose seguano un programma un po' più regolare, ma hanno comunque bisogno di attività per mantenerli mentalmente stimolati. È più probabile che siano molto protettivi nei tuoi confronti (oltre a semplicemente abbaiare) e tendono a essere più analitici rispetto ai loro omologhi Pembroke. Ciò significa che devi essere pronto a superarli in astuzia se hai intenzione di lasciarli soli o vuoi giocare a un gioco diverso.

CAPITOLO 4

Trovare il tuo Welsh Corgi

Se sei arrivato fin qui, probabilmente sei entusiasta all'idea di trovare il tuo Corgi con cui vivere avventure e momenti di relax. Benvenuto in un mondo completamente nuovo di divertimento, intrattenimento e amore! La tua decisione molto probabilmente ti aiuterà a trovare uno dei migliori amici che avrai nella vita.

Hai già le basi necessarie per capire cosa ti aspetta. Ora, è il momento di imparare come dovresti procedere per trovare il nuovo membro della tua famiglia.

Le tue prime due decisioni saranno le più difficili:

- Pembroke o Cardigan, quale sarà più adatto alla tua casa?
- Vuoi un cucciolo o un cane adulto?

Sono entrambe domande difficili. Ogni Corgi è diverso, e aspettarti che il tuo Pembroke o Cardigan sia esattamente come viene generalmente descritto probabilmente non funzionerà. Le informazioni sulle loro personalità tipiche sono una guida, non una regola assoluta. In definitiva, la risposta dipende dalla seconda domanda –l'età del cane. È una questione ancora più difficile perché una scelta comporta molto più lavoro, mentre l'altra implica comprendere la personalità già formata del tuo cane.

Scegliere tra il Pembroke e il Cardigan: considerazioni iniziali

La tua prima decisione dovrebbe essere selezionare il tipo di Welsh Corgi che desideri – il Pembroke o il Cardigan. La tua personalità e il tuo stile di vita probabilmente si allineeranno meglio con la personalità di uno o dell'altro tipo.

- I Pembroke sono giocherelloni e adattabili. Se sei sempre in movimento e vuoi avere un compagno che lo apprezzi, il Pembroke è una scelta migliore per il tuo stile di vita. Anche se abbaiano molto, sono molto amichevoli. Sono cani da compagnia quasi perfetti per le persone attive.

- I Cardigan amano muoversi, ma sanno anche apprezzare una tranquilla serata a casa. Non richiedono tanta attività e sono migliori cani da guardia poiché sono più protettivi. Se stai cercando un cane che possa godersi la serata a casa con te e che sia un guardiano migliore, il Cardigan è una scelta più adatta.

Tieni presente che tutti i Corgi sono molto individualisti, e solo perché cercavi una particolare personalità non significa che la otterrai. Gran parte della personalità del tuo cane dipenderà da quanto bene lo addestrerai (se prendi un cucciolo). Se scegli un cane più adulto, la sua personalità è già formata e le persone che si prendono cura del cane saranno in grado di dirti se il cane mostra il tipo di personalità che desideri. L'allevamento rende la loro personalità più prevedibile, ma non è mai garantita.

Adottare da un allevatore

Una volta che sai quale tipo si adatta meglio alla tua casa e hai deciso che sei pronto a dedicare molto tempo all'addestramento di un cucciolo, è

Foto di
Cindy Duwe

il momento di iniziare a cercare l'allevatore che ha più probabilità di darti un cucciolo di Corgi sano e felice. Devi fare attenzione perché ci sono molti allevatori di Corgi: vuoi un allevatore che si preoccupi tanto (o più) dei cuccioli quanto del profitto dalla vendita. Questo significa dedicare un bel po' di tempo a ricercare accuratamente gli allevatori.

Trovare un allevatore

Vuoi un allevatore che prenda sul serio la cura dei cuccioli e mostri loro l'attenzione e la cura necessarie affinché i cuccioli siano ben equilibrati quando sono pronti a lasciare la madre. Per iniziare, devi ricercare allevatori e considerare solo quelli che espongono e titolano i loro cani fin dall'inizio. È molto probabile che finirai in una lista d'attesa, ma significa che il tuo cucciolo sarà sia mentalmente che fisicamente sano.

Una volta ristretto l'elenco degli allevatori da contattare, dovrai chiamarli e fare domande. Preparati a dedicare fino a un'ora per allevatore (potrebbe non essere necessario, ma è meglio pianificarlo) in modo da

Foto di
Kandace Wilkens

capire completamente quanto l'allevatore conosca il cane e quanto bene si prenda cura dei cuccioli.

- Chiedi informazioni sul particolare tipo di Corgi per scoprire se l'allevatore si concentra solo sugli aspetti positivi. Un buon allevatore vorrà assicurarsi che tu comprenda i potenziali problemi di avere un Corgi e cercherà di dissuaderti se gli aspetti negativi potrebbero essere un problema per te.

- Chiedi informazioni sui test sanitari e le certificazioni. Questi punti sono trattati più dettagliatamente nella prossima sezione, ma il tuo allevatore deve avere tutti i test e le certificazioni per garantire che tu riceva il cucciolo più sano possibile. I buoni allevatori spesso offrono garanzie contro i peggiori problemi genetici.

- Verifica che l'allevatore si occupi di tutti i problemi sanitari iniziali, come vaccini e sverminazione. I cuccioli devono iniziare queste procedure entro le sei settimane di età, ben prima di quando il cucciolo può lasciare la madre. Vaccinazioni e sverminazione avvengono ogni tre settimane, quindi il tuo cucciolo dovrebbe essere già ben avviato nelle cure sanitarie iniziali (o addirittura completamente attraverso le fasi iniziali) prima di arrivare a casa tua.

- Scopri se l'allevatore richiede che il cucciolo venga sterilizzato o castrato quando raggiunge la maturità. Molti allevatori responsabili in Italia includono clausole sui diritti riproduttivi nei loro contratti di cessione: questo serve a proteggere la linea di sangue e garantire che solo i soggetti più idonei vengano utilizzati per la riproduzione. Gli allevatori distinguono spesso tra cuccioli venduti "for breeding" (per riproduzione) e quelli venduti "not for breeding" (solo compagnia), con questi ultimi che richiedono la sterilizzazione come parte dell'accordo contrattuale.

- Chiedi se l'allevatore fa parte di un club o un'organizzazione di Corgi: i Corgi esistono da abbastanza tempo che ci sono numerosi codici e standard richiesti ai membri che allevano i loro Corgi. Se trovi un allevatore che fa parte di un'organizzazione di Corgi e non può soddisfare la tua richiesta, quell'allevatore può probabilmente indirizzarti verso altri buoni allevatori. I cuccioli di questi tipi di allevatori hanno molte più probabilità di essere sani e felici poiché gli allevatori devono essere sia coscienziosi che onesti riguardo ai genitori e ai cuccioli.

- Scopri cosa succede durante la prima fase della vita dei cuccioli e come l'allevatore si prende cura dei cuccioli durante le prime fasi della loro vita. Questo ti aiuterà a sapere quanto lavoro dovrai fare anche tu. Vorrai addestrare il tuo cane in modo coerente, e sarà molto più facile se continui ciò che l'allevatore ha iniziato. L'allevatore potrebbe anche aver iniziato diversi tipi di addestramento, come quello casalingo e in gabbia. Dovrai saperlo prima di portare il cucciolo a casa.

- Chiedi consigli su come crescere un Corgi. Un buon allevatore può fare raccomandazioni e ti darà opzioni su come gestire alcune delle fasi meno piacevoli, così come le cose che il tuo cucciolo probabilmente amerà. Un grande allevatore sarà anche disponibile a rispondere a domande sul tuo Corgi molto tempo dopo che il tuo cane ha raggiunto la maturità: i buoni allevatori sono interessati al benessere del cane e sono disposti a rispondere a domande per tutta la durata della vita del Corgi.

Test sanitari e certificazioni

Per un cane con una storia così lunga, i Corgi sono incredibilmente sani e relativamente privi di gravi problemi di salute genetici. Tuttavia, ci sono alcuni test e certificazioni che dovrebbero essere condotti.

Essendo il più giovane dei due tipi, i Pembroke non richiedono tanti test e certificazioni:

- **Valutazioni della displasia dell'anca** (certificazione FSA - Fondazione Salute Animale, con registrazione ENCI)
- **Esame degli occhi** da parte di un veterinario accreditato ENCI per il controllo delle oculopatie ereditarie (dovrebbero essere registrati con certificazione FSA)

I Cardigan necessitano di un po' più di attenzione in termini di test:

- **Valutazioni della displasia dell'anca** (certificazione FSA - Fondazione Salute Animale, con registrazione ENCI)
- **Esame degli occhi** da parte di un veterinario accreditato ENCI per il controllo delle oculopatie ereditarie
- **Un test del DNA per l'atrofia retinica progressiva (PRA)** - disponibile presso laboratori specializzati come EasyDNA Italia o AffinityDNA

Non ci sono certificazioni rigorose, ma è preferibile che il tuo allevatore faccia parte di un club o un'organizzazione consolidata.

- **Gli allevatori di Pembroke** fanno solitamente parte dell'**Associazione Italiana Amatori Razze da Pastore Britanniche**, riconosciuta dall'ENCI, che tutela entrambe le varietà di Welsh Corgi. Aderiscono al Codice Etico dell'Allevatore ENCI per crescere e allevare responsabilmente i Welsh Corgi Pembroke.

- **Gli allevatori di Cardigan** possono unirsi alla stessa **Associazione Italiana Amatori Razze da Pastore Britanniche** e devono aderire alle linee guida specifiche ENCI.

Essere membri di queste organizzazioni significa che gli allevatori sono obbligati a soddisfare un insieme minimo di requisiti stabiliti dall'ENCI. Se non soddisfano questi requisiti, agli allevatori non è permesso mantenere la certificazione: questo garantisce che gli allevatori che appartengono a queste organizzazioni siano affidabili e prevedibili nel modo in cui trattano i loro cuccioli.

Contratti e garanzie

Poiché questi sono cani con una lunga storia, non dovrebbe sorprendere che molti allevatori abbiano contratti che devi firmare prima che considerino di venderti un cucciolo. Molti di loro offrono anche garanzie che possono o meno farti sentire più a tuo agio.

Le garanzie stabiliscono cosa l'allevatore sta garantendo con il tuo nuovo cane. Questo di solito include informazioni sulla salute del cane e raccomandazioni sui prossimi passi del proprietario. Ad esempio, potrebbe raccomandare di portare il cucciolo dal veterinario entro due giorni dall'arrivo a casa per assicurarsi che il cane sia sano come si presume. Nel caso in cui venga riscontrato un grave problema di salute, il cucciolo dovrà essere restituito all'allevatore. Spiegherà anche cosa non è garantito. La garanzia tende a essere molto lunga (a volte più lunga del contratto), e dovresti leggerla bene prima di firmare il contratto.

Oltre al prezzo per ottenere il tuo cane, i contratti degli allevatori italiani seguono le normative ENCI e stabiliscono responsabilità reciproche. I contratti tipicamente includono informazioni sulla salute del cane, garanzie sui controlli sanitari effettuati, e dettagli sui diritti riproduttivi (distinguendo tra cuccioli venduti "per riproduzione" e "solo compagnia"). Per legge italiana, il pedigree deve essere consegnato insieme al cucciolo. I contratti possono anche contenere una clausola di primo rifiuto, per cui se non puoi più prenderti cura del cane, l'allevatore ha la precedenza nel riprenderlo.

Genetica del cucciolo: i genitori

Poiché la razza ha una storia così lunga, gli allevatori prendono sul serio la storia dei genitori (specialmente i membri delle diverse organizzazioni Corgi). Vorrai esaminare la storia completa di entrambi i genitori per avere un'idea di cosa puoi aspettarti dai cuccioli. Dalle loro personalità alle loro tendenze, sarai in grado di farti un'idea di cosa dovresti aspettarti dal tuo nuovo membro della famiglia.

Dovresti anche dedicare un bel po' di tempo a conoscere i genitori dall'allevatore. Le cose che vuoi sapere si trovano probabilmente più nelle storie sui genitori che su un sito web che ne descrive la discendenza e la storia.

Selezionare il tuo cucciolo

Selezionare un cucciolo di Corgi è più o meno lo stesso che scegliere qualsiasi tipo di cucciolo: molto dipende interamente da te e da ciò che vuoi in un cane. L'esperienza può essere molto divertente e piacevole – e alla fine, molto difficile. Per quanto sia divertente, devi essere attento e serio in modo da non essere influenzato da cose che potresti trovare fastidiose in seguito.

Mentre osservi i cuccioli, nota quanto bene ogni cucciolo gioca con gli altri: questo è un ottimo indicatore di quanto bene il tuo cucciolo reagirà con qualsiasi animale domestico che hai già a casa.

Devi anche guardare i cuccioli come gruppo. Se noti che la maggior parte dei cuccioli mostra un comportamento aggressivo o sembra tendere a essere diffidente, potresti non voler selezionare un cucciolo da quella cucciolata. Allo stesso modo, se i cuccioli sembrano essere terrorizzati da te, manifestando comportamenti come tenere le code nascoste o ritrarsi (poiché con la coda corta del Pembroke, non puoi dire se il cucciolo sta cercando di nasconderla), è un'indicazione del tipo di problemi che potresti incontrare con il tuo cucciolo e il suo addestramento. Ciò che vuoi è una cucciolata piena di cuccioli amichevoli, anche se non iniziano a salutarti immediatamente. A volte vogliono solo giocare con i loro fratelli o capire prima cosa sta succedendo.

Poi, nota che spesso c'è almeno un cucciolo che sembra molto ansioso di incontrarti: molte persone lo prendono come un segno che quel cucciolo è quello giusto per la loro famiglia; tuttavia, non è sempre così. Tieni presente che il cucciolo o i cuccioli che ti salutano sono più intraprendenti ed esigenti rispetto a quelli che si siedono e analizzano prima la situazione.

I cuccioli che si tengono in disparte potrebbero avere paura o, più probabilmente, vogliono solo capire la situazione prima di farsi coinvolgere. Non sono i tipi alfa come i loro fratelli più intraprendenti. Questi sono i tuoi cuccioli più pazienti e docili, quelli che potrebbero essere più facili da addestrare.

Scegli il cucciolo che mostra i tratti di personalità che vuoi nel tuo cane. Se vuoi un cane intraprendente, amichevole ed eccitabile, il primo a salutarti può essere quello che cerchi. Se vuoi un cane che rifletta sulle cose e lasci che gli altri ricevano più attenzione, il cane più tranquillo potrebbe essere migliore per la tua casa.

Adottare un cane adulto

Un aspetto in comune a tutti i cuccioli è che richiedono molto lavoro. Se salti un giorno o due di addestramento, potresti sentirti come se fossi tornato al punto di partenza. I Corgi più adulti possono offrirti un modo per ottenere il tuo Corgi senza dover dedicare diversi anni all'addestramento. Puoi trovare Corgi più adulti nei rifugi, nei centri di recupero e persino dagli allevatori. Gli allevatori riprenderanno i cuccioli se una persona non tratta bene il cane o se una persona non può più prendersi cura del Corgi per qualche motivo.

Vantaggi

I cani adulti ti danno una gratificazione più immediata. Non devi vivere notti insonni con il nuovo cucciolo o l'infinita frustrazione che deriva dai primi tipi di addestramento: i Corgi adulti ti permettono di goderti subito il tuo cane mentre vi lanciate in nuove avventure. Tutti i cani intel-

Foto di
Janet Maddox

ligenti e ad alta energia richiedono molto tempo e attenzione da cuccioli; saltare questa fase è una parte importante del fascino dei cani adulti.

I Corgi adulti non solo hanno già completato l'addestramento di base, molti di loro conoscono già alcuni trucchi; quindi, puoi iniziare a esplorare il mondo di ciò che sanno e ciò che devono ancora imparare. Questa è un'esperienza incredibilmente divertente, buffa e piacevole, proprio come conoscere un nuovo amico. Puoi anche iniziare il tuo addestramento personale: questa parte è quasi altrettanto divertente, perché i Corgi adulti hanno buone capacità di attenzione e la capacità di imparare incredibilmente velocemente (se sono dell'umore giusto), e sarai in grado di riconoscere quando stanno imparando e quando non sono interessati all'attività.

Ancora meglio, possono aiutarti a iniziare a migliorare te stesso. Se vuoi fare più esercizio, un Corgi adulto ti aiuterà a iniziare immediatamente (invece di tenerti in casa cercando di insegnargli le basi). Hai anche una vasta gamma di possibili attività, e il tuo Corgi sarà più che felice di unirsi a te mentre esplori nuovi luoghi o dai un nuovo sguardo a quelli vecchi.

I Corgi adulti sono ideali per individui e famiglie che non hanno il tempo o la pazienza di lavorare con un cucciolo.

Cani da rifugio

In Italia, trovare Corgi nei rifugi tradizionali è relativamente raro poiché è una razza specializzata con un numero limitato di allevatori. Tuttavia, l'Associazione Italiana Amatori Razze da Pastore Britanniche e gli allevatori ENCI occasionalmente hanno cani adulti disponibili per ricollocamento. Gli appassionati di Corgi sono molto attenti al benessere dei loro cani e spesso si coordinano per assicurarsi che ogni Corgi trovi una casa adeguata.

I Corgi che ottieni attraverso l'associazione di razza o allevatori certificati ENCI hanno solitamente la documentazione completa, incluso il pedigree, la storia medica e le informazioni sulle vaccinazioni. Tuttavia, se il cane proviene da una situazione di abbandono o maltrattamento, alcune informazioni sanitarie potrebbero non essere disponibili.

È molto facile contattare l'organizzazione per informarsi sull'adozione di un Corgi adulto. Ti chiederanno di fare domanda per l'adozione semplicemente perché vogliono assicurarsi che il cane ottenga una casa fantastica, un posto dove il cane potrà vivere felicemente il resto dei suoi giorni. Cercheranno anche di abbinarti con un cane adulto ideale per l'ambiente che offri e lo stile di vita che conduci.

Se sei interessato a un Welsh Corgi adulto, contatta l'Associazione Italiana Amatori Razze da Pastore Britanniche tramite ENCI per ulteriori informazioni. Puoi anche consultare i rifugi locali e gli allevatori ENCI che occasionalmente hanno cani adulti disponibili per adozione.

Avvertenza sui bambini piccoli e altri animali domestici

I Corgi adulti hanno già una personalità stabilita, e quella personalità potrebbe non andare d'accordo con i bambini piccoli e altri animali domestici. Anche se non tendono a essere cani aggressivi, alcuni Corgi possono essere territoriali. Non sono inclini a tirarsi indietro (non potevano farlo quando affrontavano il bestiame), e questo potrebbe non andare bene se hai già un cane territoriale o un cane con una personalità alfa a casa.

I bambini piccoli sono un problema diverso, perché i Corgi adulti potrebbero non essere stati cresciuti intorno ai bambini: ciò potrebbe portarli a essere meno pazienti con le urla e il gioco brusco dei bambini più piccoli. Potrebbero anche essere inclini a mordere i talloni dei bambini se questa caratteristica non è stata eliminata con l'addestramento in giovane età. Non è che vogliano far male ai bambini, vogliono solo radunarli e spingerli, un comportamento che può spaventare i bambini.

Scegliere tra il Pembroke e il Cardigan

Una delle cose migliori dell'adottare un Corgi adulto è che la sua personalità è già stabilita: ciò significa che sarai in grado di scoprire se il cane più anziano è all'altezza delle personalità comuni dei due tipi.

- Il Pembroke tende a essere più amichevole e felice, rendendo facile coinvolgerlo nelle cose che fai, non importa dove ti trovi. Puoi chiedere ai responsabili del rifugio se l'adulto è più simile a un tipico Pembroke per scoprire quale dei cani adulti mostra di più il tipo di personalità che desideri.

- I Cardigan sono più intelligenti, riflessivi e protettivi, ciò significa che puoi chiedere se il cane recuperato ha le caratteristiche necessarie per uno stile di vita più sedentario (anche se non dovrebbe essere troppo sedentario – ti risparmia solo dal dover tenere il cane intrattenuto in ogni momento).

Sarà considerevolmente più facile trovare il cane che corrisponde alla personalità che desideri poiché la personalità del cane è già stabilita. Puoi anche chiedere se i problemi comuni ai due tipi saranno un problema, così saprai se dovresti pianificare di iniziare l'addestramento o se dovresti continuare a cercare un diverso Corgi adulto.

CAPITOLO 5

Prepararsi all'arrivo del cucciolo

C'è molta eccitazione che si accumula mentre aspetti che il tuo cucciolo di Corgi arrivi a casa; c'è anche molto lavoro da fare per assicurarti di essere pronto ad assumere le responsabilità di genitore di un cucciolo. Con un cagnolino piccolo, intelligente e pieno di energia, avrai il tuo bel da fare per tenerlo lontano dai guai. Il modo migliore per farlo è rendere la tua casa a prova di cucciolo, iniziando almeno un mese prima del suo arrivo.

Preparare i bambini

La preparazione iniziale comincia non appena decidi di prendere un cucciolo di Corgi. I tuoi bambini saranno probabilmente quelli che passeranno più tempo con il cucciolo, e questo significa che devi assicurarti che sappiano come comportarsi e come gestirlo correttamente. Una volta arrivato il cucciolo, sarà troppo tardi per cercare di introdurre un comportamento adeguato.

La cosa migliore da fare è stabilire regole e responsabilità prima ancora che il cucciolo sia abbastanza grande per arrivare. Dovrai ripetere questi punti diverse volte, incluso il giorno dell'arrivo del cucciolo.

Quando i bambini inizieranno a giocare con il cucciolo, potrai ricordare con fermezza ai

Foto di
Gayla Miller

44

tuoi figli come comportarsi se iniziano a diventare troppo irruenti o eccitati con il cucciolo.

Ecco le cinque regole d'oro che i tuoi bambini dovrebbero comprendere prima che il cucciolo arrivi a casa:

1. Il gioco con il cucciolo deve essere delicato. L' aspetto soffice dei Corgi è ingannevole, perché nasconde quanto i cuccioli siano in realtà
   fragili e piccoli. Non c'è mai un momento in cui giocare in modo brusco con un cucciolo sia accettabile.

2. Predisponi regole chiare su cosa succederà se i tuoi bambini iniziano
   a essere troppo irruenti. Un cucciolo che morde quando un bambino
   gioca in modo brusco non è la parte in torto – è colpa del bambino.
   Assicurati che tuo figlio lo capisca per garantire momenti di gioco sicuri e tranquilli.

3. Il gioco dell'inseguimento è solo per l'esterno. Quando i bambini
   escono con il cucciolo e un adulto, l'inseguimento può andare bene
   (se il cucciolo è disposto), ma non è mai accettabile dentro casa. Correre in casa crea una di due impressioni pericolose nel cucciolo: o
   impara che non è al sicuro nemmeno dentro casa, o impara che correre in casa va bene. Non vuoi che il tuo Corgi adulto sfrecci per casa
   facendo cadere le persone perché questo comportamento era considerato accettabile quando era piccolo.

4. Lasciare il cucciolo in pace durante i pasti. Questo vale quando il cucciolo sta mangiando (anche se puoi applicarlo anche quando i tuoi
   bambini stanno mangiando, dato che non vuoi che il tuo Corgi pensi
   che il tuo cibo sia a sua disposizione). Non vuoi che il cucciolo si senta insicuro mentre mangia. I cuccioli di Corgi probabilmente non cre-
   eranno troppi problemi se i bambini li disturbano, ma non vuoi che il
   tuo cane senta di dover difendere il suo cibo: non è giusto per il cane.
   Inoltre, i Corgi adulti sono protettivi, il che può portare a morsi se il
   Corgi ha imparato a difendere il suo cibo fin da piccolo.

5. Lasciare il cucciolo a terra. Assicurati di spiegare questo soprattutto
   ai bambini più piccoli. Le persone vogliono prendere in braccio e giocare con i cuccioli, ma è incredibilmente scomodo per loro. I bambini vorranno trattare il cucciolo come un bebè, e questo può rendere
   il cucciolo sia a disagio che impaurito. Più piccolo è il bambino, più
   difficile sarà per lui gestire un cucciolo che si dimena. Quando i bambini scoprono che il cucciolo ha un morso molto duro, non è colpa
   del cucciolo – i bambini non dovrebbero sollevare il cucciolo in primo
   luogo. Ci sono molte attività divertenti che si possono fare a terra;
   quindi, i bambini dovrebbero lasciare il cucciolo lì per giocare. Ricor-

da di applicare questa regola anche a te stesso, così da dare il buon esempio.

6. Tieni tutto ciò che ha valore fuori dalla portata dei tuoi bambini. Non c'è davvero un'età in cui i tuoi oggetti di valore sono al sicuro, quando si tratta di bambini e cuccioli. Anche gli adolescenti potrebbero prendere oggetti che sanno di non dover utilizzare per giocare con un cucciolo. La curiosità porta i bambini a non pensare se sia il caso o meno di presentare qualcosa al cucciolo: se non vuoi che i tuoi bambini e il cucciolo distruggano qualcosa, assicurati che non sia mai a portata di mano.

Preparare i cani già presenti

Una volta che i tuoi bambini hanno compreso le regole, devi iniziare a preparare i tuoi cani attuali all'arrivo imminente del cucciolo. Naturalmente, avrai bisogno di un approccio completamente diverso, poiché il tuo cane o i tuoi cani non capiranno se ti siedi e cerchi di spiegare loro le regole.

Ecco come puoi iniziare a preparare i tuoi altri cani al nuovo arrivo:

- Valuta la personalità del tuo cane. Se il tuo cane non ha mai avuto problemi con altri cani, probabilmente andrà tutto bene. Se il tuo cane ha mai mostrato tendenze territoriali, dovrai fare molta attenzione. Se il tuo cane è facilmente eccitabile, dovrai pensare a modi per aiutarlo a calmarsi in modo che non diventi troppo irruento con il cucciolo.

- Pensa alle volte in cui hai avuto altri cani a casa tua: se il tuo cane era territoriale, questo potrebbe essere un segnale che dovrai fare molta attenzione quando introdurrai il nuovo cucciolo in casa. Se non hai mai avuto un altro cane in visita, puoi considerare di invitare un amico con uno o due cani per valutare la reazione del tuo cane. La personalità di un cane può essere significativamente diversa durante una passeggiata rispetto a quando è a casa.

- Considera se hai visto il tuo cane mostrare comportamenti protettivi o possessivi. Il cibo è la causa più comune di comportamento possessivo, ma i cani possono anche essere possessivi o protettivi riguardo ai giocattoli e alle persone.

Assicurati che lo spazio per il cucciolo sia un'area dove il tuo cane non può andare. Il tuo nuovo Corgi non dovrebbe interagire con altri cani senza supervisione. Dovrai anche assicurarti che nessuna delle cose del tuo cane (inclusa la sedia preferita o altri mobili) si trovi nello spazio del cucciolo.

Pianifica di far incontrare il tuo cane e il cucciolo per la prima volta fuori casa. Designa un punto che sia terreno neutrale per il primo incontro. Questo garantirà che il tuo cane non si senta territoriale quando incontra il cucciolo, dando loro la possibilità di conoscersi un po'.

Assicurati di avere almeno un altro adulto presente per l'incontro iniziale. Questo garantirà che tu non debba gestire da solo un cane eccitato e un cucciolo energico. L'alfa della casa o le due persone che saranno responsabili del cane e del cucciolo dovrebbero essere presenti per questo primo incontro, in modo che sia il tuo nuovo cucciolo che il tuo cane vedano la gerarchia del branco della tua casa.

Potresti dover procedere molto lentamente nel periodo introduttivo, a seconda della personalità del tuo cane. Potrebbe volerci una settimana per far abituare il cane e il cucciolo l'uno all'altro. Ricorda che stai cambiando completamente la dinamica della casa, e il tuo cane potrebbe non esserne troppo contento. Se il tuo cane è più anziano, questo può essere incredibilmente difficile, e ci sono buone probabilità che il cane sfoghi questa frustrazione sul cucciolo. Assicurati che siano entrambi al sicuro e felici prima di lasciarli interagire regolarmente.

Foto di
Kandace Wilkens

Se hai più cani, tutte queste regole si applicano comunque. Dovrai considerare la personalità di ogni cane e monitorare attentamente il suo comportamento con il cucciolo. L'introduzione potrebbe dover essere fatta con un cane alla volta in modo da non sopraffare il cucciolo. Introdurre ogni cane uno alla volta li aiuterà a calmarsi un po' prima di riunire tutti i cani contemporaneamente.

Alimenti pericolosi

Ci sono molti alimenti che le persone mangiano che sono pericolosi o letali per i cani. Alcuni di questi alimenti sono ben noti (anche a chi non ha mai avuto un cane), mentre altri sono una sorpresa.

Avrai davvero il tuo bel da fare con i Corgi, però, perché amano mangiare. Di seguito è riportato un elenco di alimenti che devi assicurarti che il tuo Corgi non possa mai raggiungere, poiché sono potenzialmente fatali se consumati da un cane.

- Semi di mela
- Cioccolato
- Caffè
- Ossa cotte (possono uccidere quando si scheggiano nella bocca o nello stomaco del cane)
- Pannocchie di mais (è il tutolo che è letale per i cani, il mais sgranato va bene, ma devi assicurarti che il tuo Corgi non possa raggiungere mais ancora attaccato al tutolo)
- Uva/uvetta
- Noci di macadamia
- Cipolle ed erba cipollina
- Pesche, cachi e prugne
- Tabacco (il tuo Corgi non sa che non è cibo e potrebbe mangiarlo se venisse lasciato in giro)
- Xilitolo (un sostituto dello zucchero in caramelle e prodotti da forno)
- Lievito

Oltre a questi alimenti potenzialmente letali, c'è un lungo elenco di cose che il tuo cane non dovrebbe mangiare per motivi di salute. Il tuo veterinario potrà fornirti un elenco esaustivo di alimenti da evitare che includerà l'alcol e molte altre cose che le persone danno ai cani pensando che sia divertente. Ricorda che i cani hanno un metabolismo molto diverso e l'effetto che questi alimenti hanno su di loro è molto più forte dell'effetto sulle persone.

Per il bene della salute del tuo Corgi, è meglio tenere tutti questi alimenti fuori portata, anche se non sono letali.

Pericoli da eliminare

La tua casa è piena di cose potenzialmente pericolose per il tuo Corgi. Preparare la tua casa sarà un'impresa relativamente lunga, ma alla fine ne varrà la pena poiché ti aiuterà a mantenere il tuo cucciolo al sicuro.

Dovresti iniziare a rendere la casa a prova di cucciolo almeno un mese prima di portare a casa il tuo nuovo Corgi. Quanto segue ti aiuterà a farti un'idea di ciò che dovrai fare, anche se potrebbe esserci più o meno da fare a seconda della tua casa.

Cucina e zone pranzo

La cucina ha molte cose pericolose, oltre al cibo. Le cose più pericolose in cucina sono i veleni e i prodotti per la pulizia. Proprio come li metteresti al sicuro da un bambino piccolo, devi metterli al sicuro dal tuo cucciolo di Corgi. Tieni presente che sono cani eccezionalmente intelligenti e a un certo punto, probabilmente, capiranno come entrare nei tuoi armadietti se non li rendi a prova di cucciolo.

Dovrai anche essere vigile nel riporre i veleni. Lasciarli sui piani di lavoro non è sicuro perché, non importa quanto piccolo sembri il tuo Corgi, c'è sempre la possibilità che quel piccolo cucciolo salga sui piani di lavoro attraverso mezzi che non hai mai considerato. In nessun momento dovresti lasciare veleni in un luogo non sicuro nella tua cucina.

Anche il cestino della spazzatura si trasforma da semplice contenitore a potenziale pericolo: qualsiasi cosa tu ci metta dentro può essere tirata fuori da un Corgi, se non prendi le precauzioni necessarie. Puoi chiudere il cestino in una dispensa o in un armadietto, oppure puoi procurarti un cestino con chiusura. Qualunque cosa tu scelga, assicurati che il cestino sia sempre chiuso dove il tuo Corgi non possa esplorarlo.

Dovrai assicurarti che non ci siano cavi elettrici in giro per la cucina che il Corgi possa tirare o sui quali possa inciampare. Non vuoi che il frullatore venga tirato giù dal piano di lavoro e si frantumi sul pavimento perché il cavo pendeva dal lato del bancone. Lo stesso vale per i cordoni delle tende; tienili ben sollevati da terra e fuori dalla portata del tuo Corgi.

Bagno e lavanderia

Dovrai fare lo stesso lavoro di messa in sicurezza nel bagno come in cucina. I veleni devono sempre essere conservati dove il cucciolo non può raggiungerli e i cestini della spazzatura chiusi in modo che non possano essere esplorati.

Tieni anche il water chiuso. I cuccioli di Corgi possono fare cose che non ti aspetteresti; quindi, assicurati che non possano entrare nel water. Non usare mai detergenti automatici per il water. Nel caso in cui qualcuno lasci il coperchio del water alzato, il tuo Corgi cercherà di bere da lì: assicurati che quando ciò accade il tuo cane non stia bevendo veleni.

Anche la tua zona lavanderia dovrà essere messa in sicurezza, ma di solito è considerevolmente più facile. Per lo più, devi assicurarti che non ci siano vestiti sporchi dove il tuo cucciolo o cane possa raggiungerli. Di solito non sarà pericoloso, ma non vuoi che il tuo cane trascini biancheria intima sporca per casa. Ci saranno anche momenti in cui finiranno nel bucato cose che hanno sostanze potenzialmente velenose (come vestiti con candeggina o olio). Devi abituarti a tenere i vestiti sporchi fuori dalla portata del tuo Corgi. Se hai una lavanderia, la soluzione è semplicemente tenere la porta sempre chiusa: questo ti eviterà anche la sorpresa di una visita d'emergenza dal veterinario dopo che il tuo Corgi ha mangiato un calzino o un collant.

Altre stanze

Assicurati di tenere i cavi fuori portata, che non ci siano prodotti per la pulizia in giro per casa e che tutti gli oggetti potenzialmente pericolosi siano conservati in un luogo sicuro. Se hai un camino, assicurati che tutti i prodotti per la pulizia e gli attrezzi siano in un posto dove il tuo Corgi non possa raggiungerli per giocare. Devi anche tenere chiuso il luogo dove si trova il fuoco in modo che il tuo Corgi non possa entrarci.

Per le scale, usa un cancelletto per evitare che il tuo Corgi cada. Per i tavoli, assicurati di non lasciare nulla di pericoloso, come forbici o materiale da cucito, dove il tuo cucciolo possa arrampicarsi. Penne, matite e altri strumenti devono essere tenuti fuori portata, così come oggetti di valore e qualsiasi cosa che non vuoi che il tuo Corgi mastichi.

Per i proprietari di gatti, la lettiera deve essere conservata in un posto dove il tuo gatto può andare ma il tuo Corgi no. Questo probabilmente significa insegnare al tuo gatto a usare la lettiera in un nuovo posto, quindi assicurati di spostare la lettiera ben prima dell'arrivo del cucciolo. Questo ti eviterà di avere un gatto che ha due motivi per essere arrabbiato con te.

Foto di
Virginia Godwin

Garage

I garage sono un luogo di eccitazione e pericolo per i Corgi. Con tutti i prodotti chimici e gli oggetti pericolosi, il tuo Corgi non dovrebbe mai essere lasciato solo nel garage. Naturalmente, con ogni probabilità non puoi impedire per sempre al tuo Corgi di entrare nel garage (almeno quando porti il tuo cucciolo da qualche parte, passerà attraverso il garage). Questo significa che dovrai prenderti il tempo per renderlo sicuro anche per lui.

Tutti gli attrezzi, le attrezzature e gli articoli relativi alla manutenzione dell'auto (o qualsiasi cosa con un motore o ruote) devono essere conservati in un luogo con una serratura. Questo include cose come soffiatori di foglie e attrezzi per biciclette. Il tuo cucciolo è tanto propenso a cercare di masticare uno pneumatico di bicicletta quanto a leccare l'antigelo o a rotolarsi nel fertilizzante: tieni tutto questo in un posto dove il cucciolo non può andare.

Anche l'attrezzatura da pesca deve essere organizzata e conservata in un luogo dove il tuo cucciolo non può raggiungerla. Può essere in un armadio o su uno scaffale alto. Se la conservi in alto, assicurati che non ci sia modo di arrampicarsi fino a lì. Non lasciare nessuna parte dell'attrezzatura penzolare dal lato del bancone.

Dovresti fare un passo indietro ed esaminare il tuo garage dalla prospettiva di un bambino piccolo, poi abbassarti e guardarlo dall'angolazione di un Corgi. Qualsiasi cosa che sembra possa attirare l'attenzione e causare problemi deve essere spostata ben fuori portata.

Esterni e recinzioni

Non lasciare mai il tuo cucciolo di Corgi fuori da solo; troppe cose possono accadere quando il tuo cucciolo non è sorvegliato. Anche se hai una recinzione, non puoi lasciare il piccolo fuori senza qualcuno che lo controlli in ogni momento.

Per mettere in sicurezza l'esterno non ci vorrà tanto tempo quanto per l'interno, ma dovresti comunque mettere da parte un'ora o due del tuo tempo, poiché guarderai le cose in un modo completamente nuovo.

Ispeziona la recinzione per assicurarti che non ci siano rotture, buchi o potenziali problemi. Assicurati che non ci siano spazi sotto la parte inferiore dove il tuo Corgi possa scavare un tunnel. Se vedi spazi, buchi o aree rotte, falli riparare prima che arrivi il cucciolo: il tuo Corgi cercherà di passare attraverso questi punti non appena li noterà, e ciò è pericoloso nel caso in cui il tuo Corgi scappi o rimanga incastrato.

Seleziona un'area che vuoi che il tuo Corgi usi come bagno. Una volta che sai dove vuoi che il tuo cucciolo vada, assicurati che non ci sia nulla di velenoso o pericoloso nell'area. Anche un abbeveratoio per uccelli è un potenziale pericolo, quindi seleziona bene l'area.

Seleziona un'area diversa per giocare per aiutare il tuo Corgi a sapere quando ti aspetti che faccia i bisogni e quando è il momento di giocare: il

Foto di
Michelel Eathorne

tuo Corgi imparerà velocemente. Fai nell'area di gioco la stessa ispezione che hai fatto all'area da utilizzare per il bagno.

Cammina intorno al tuo giardino e assicurati che tutti i prodotti chimici e gli strumenti potenzialmente pericolosi siano spostati fuori portata. Se hai un capanno, chiudilo a chiave e assicurati che il Corgi non possa entrare.

Assicurati che nessuna delle piante nel tuo giardino sia un pericolo per il tuo cane. Ci sono buone probabilità che il tuo cucciolo le mastichi; quindi, assicurati che non ci sia potenziale di pericolo quando ciò accade.

Assicurati che tutte le aree acquatiche, come piscine e piccoli stagni, siano protette. Il tuo braciere o fossa per il fuoco e la griglia devono essere messi in sicurezza in modo che il tuo cucciolo non possa giocarci.

Cammina intorno al tuo giardino e guardalo dal punto di vista di un bambino piccolo: questo ti aiuterà a identificare altri potenziali pericoli che devono essere affrontati prima dell'arrivo del cucciolo.

Forniture e strumenti da acquistare e preparare

Devi acquistare e preparare tutto il necessario prima che il tuo cucciolo arrivi. Anche l'elenco più basilare è piuttosto esteso, quindi inizia a fare acquisti con un mese o due di anticipo. Di seguito sono elencati gli elementi di base:

- Trasportino
- Letto
- Guinzaglio
- Sacchetti per i bisogni durante le passeggiate
- Collare
- Targhetta personalizzata
- Cibo per cuccioli
- Ciotole per acqua e cibo (condividere una ciotola d'acqua di solito va bene, ma il tuo cucciolo ha bisogno della sua ciotola per il cibo se hai più cani)
- Spazzolino da denti
- Spazzola
- Giochi

Se pensi a qualcos'altro che ti piacerebbe avere, aggiungilo alla lista. Questo potrebbe includere cose come trattamenti antipulci per quando il tuo cucciolo raggiungerà l'età in cui dovrai iniziare i trattamenti.

Strumenti e premi per l'addestramento devono essere inclusi nella tua lista; quindi, decidi come intendi addestrare il tuo cane, incluso l'addestramento alla pulizia. Se prevedi di iniziare l'addestramento in casa, avrai bisogno dell'attrezzatura giusta. L'addestramento (sia per la casa che per il comportamento) inizierà nella prima settimana di arrivo del tuo cucciolo, motivo per cui devi preparare tutto in anticipo.

Inoltre, se prevedi di addestrare il tuo cucciolo di Corgi a fare percorsi di Agility, potresti voler acquistare alcune delle basi. Sarà un po' presto nei primi due mesi per iniziare l'addestramento, ma prima che tu te ne accorga, il tuo Corgi sarà pronto per qualcosa di nuovo ed emozionante, e i percorsi di agilità possono dare al tuo cucciolo l'eccitazione e l'esercizio che lo terranno troppo stanco per comportarsi male.

Pianificare il budget del primo anno

I cuccioli potrebbero non essere costosi come i bambini, ma possono comunque costare una somma considerevole: ciò significa che devi creare un budget in modo da avere fondi adeguati disponibili per tutti gli elementi essenziali, come visite regolari dal veterinario e vaccini, cibo e forniture.

È scontato che finirai per spendere più di quanto prevedi; quindi, cerca di costruire un cuscinetto nel tuo budget per le forniture del Corgi.

Il momento migliore per iniziare il tuo budget per cuccioli è il giorno in cui decidi di prendere un cucciolo. Con ogni probabilità, dovrai passare un bel po' di tempo a ricercare le cose che dovrai fare durante quel primo anno. I veterinari hanno prezzi diversi tra città e regioni, quindi dovrai scoprire quale ha una buona reputazione e quanto costerà ogni visita in quel primo anno. Ci sono molte cose che i Corgi possono fare, quindi se vuoi essere coinvolto in un'organizzazione o anche solo in un addestramento di base per cani, dovrai condurre delle ricerche.

I cuccioli possono essere molto più costosi di quanto la maggior parte delle persone si renda conto: ecco perché devi iniziare a fare un budget immediatamente e assicurarti di aver fatto i compiti ben prima dell'arrivo del tuo Corgi.

Tieni le cose fuori portata

Questo è incredibilmente importante da capire, quando porti un Corgi in casa tua: non sono solo intelligenti, sono molto più agili di quanto ti aspetteresti con quel corpicino tozzo. Questa è una razza che può vincere gare di Agility, e chiaramente non è per la sua corporatura atletica e snella. Questa razza è intelligente e sa come usare la sua figura tozza per fare cose che non ti aspetteresti.

Una breve storia sulla loro intelligenza e capacità di risolvere problemi

Una famiglia che aveva un Corgi notò che il cibo lasciato sulla tavola tendeva a sparire. Non avendo idea di come stesse accadendo, filmarono la cucina per vedere cosa stava succedendo.

Foto di
Sunny Hanford

Nel video, videro il loro Corgi.

Il cane aveva spostato la sedia della cucina da sotto il tavolo, era saltato sulla sedia e aveva facilmente raggiunto il cibo. Una volta che il cane aveva finito di mangiare, era ora di nascondere le prove, per cui una volta a terra, il Corgi aveva spinto la sedia di nuovo sotto il tavolo.

I Corgi sanno cosa vogliono e cercano sempre modi per ottenerlo. Se non vuoi che il tuo Corgi mangi il tuo cibo o entri in contatto con cose pericolose, l'unico modo per proteggere davvero le tue cose è tenerle in un posto dove il Corgi non può raggiungerle o arrivarci spostando qualcosa. Di solito, le serrature sono il modo più semplice.

Chiaramente, fuori portata per un Corgi è completamente diverso rispetto a quasi qualsiasi altra razza. Non tutti i Corgi sono così concentrati e determinati, ma è meglio errare sul lato della cautela e assicurarsi di non lasciare inavvertitamente un puzzle per il tuo Corgi da risolvere. Il tuo Corgi non sta facendo il cattivo – si sta comportando semplicemente come la creatura incredibilmente intelligente che è stata allevata per essere. Inoltre, al tuo Corgi non piace stare solo e non gli piace annoiarsi. Assicurarsi che queste due cose non accadano spesso (e certamente non accadano contemporaneamente) farà molto per aiutare. Tuttavia, la soluzione migliore è sempre tenere le cose in un luogo sicuro, se non vuoi che il tuo Corgi le prenda.

Riepilogo

Con un Corgi, è una gara costante di pensare più velocemente del tuo cane. Il tuo cucciolo sarà incredibilmente divertente, ma ci sarà un sacco di apprendimento in quei primi mesi. Per assicurarti di non essere distratto, prepara tutto con largo anticipo rispetto all'arrivo del tuo cucciolo.

Non dimenticare di preparare anche i tuoi altri animali domestici: sarà un periodo molto stressante per loro, e vuoi far sapere loro che ti importa ancora di loro; stai solo aggiungendo un nuovo membro alla famiglia. Dovrai anche pianificare di trascorrere del tempo da solo con i tuoi animali domestici attuali dopo che il cucciolo arriva a casa. Se lo inserisci nel programma ora, i tuoi animali domestici saranno meno ansiosi più tardi quando sarà ovvio che il programma non è completamente diverso.

CAPITOLO 6

La prima settimana

Foto di
Cindy Duwe

Una volta portato a casa il tuo cucciolo di Corgi, praticamente tutto cambia. È un'esperienza che non dimenticherai mai. Iniziare con un cucciolo significa partire con tutto il potenziale che il tuo piccolo possiede – è un impegno verso l'assicurarti che il tuo Corgi venga cresciuto e addestrato in modo che sia felice e in salute.

I primi sette giorni sono fondamentali per definire l'ambiente in cui crescerà il cucciolo, i primi passi per trasformare quel potenziale nel tuo cane perfetto. Ora che hai completato la verifica di tutte le misure di sicurezza per il cucciolo, puoi iniziare con le cose divertenti: la cura, l'addestramento e il piacere di avere un Corgi.

Preparazione e pianificazione

Il momento di iniziare è in realtà prima dell'arrivo del cucciolo, con la pianificazione e la preparazione: devi assicurarti di avere tutto pronto per il tuo Corgi in modo da non dover improvvisare strada facendo (lo farai già abbastanza in ogni caso).

Inizia con un controllo finale per assicurarti di aver adeguatamente messo in sicurezza la tua casa. I cuccioli di Corgi sono piccoli, quindi potresti dover metterti a terra per vedere la tua casa dalla loro prospettiva. Questo dovrebbe essere fatto durante la settimana precedente all'arrivo del cucciolo.

Prepara una lista di tutto ciò di cui il tuo cucciolo avrà bisogno fin dall'inizio. Quella lista dovrebbe includere (ma non limitarsi a) quanto segue:

- Cibo
- Letto
- Trasportino
- Giocattoli
- Ciotole per acqua e cibo
- Guinzaglio
- Collare
- Premietti

Se prevedi di limitare il tuo cucciolo in una particolare area della tua abitazione, avrai bisogno anche di cancelletti e oggetti per assicurarti che il tuo Corgi non possa uscire dallo spazio designato. Dovresti avere tutto ciò che è in questa lista prima che il cucciolo arrivi a casa tua, perché non avrai tempo di andare ad acquistare i vari oggetti in seguito (specialmente non il primo giorno con il tuo cucciolo).

Siediti con la tua famiglia e assicurati che tutti comprendano le regole, soprattutto i bambini: devono essere istruiti sulla corretta gestione del cucciolo, e dovrai essere severo con i tuoi figli tanto quanto lo sei con il cucciolo quando si tratta di prendersi cura del nuovo membro della famiglia. Assicurati di definire chi sarà responsabile della cura di base del cucciolo (alimentazione e passeggiate). L'addestramento dovrebbe essere compito di tutti, ma ci sarà probabilmente un addestratore principale. Puoi stabilire responsabilità condivise se tuo figlio o i tuoi figli vogliono aiutare; un bambino e un adulto che si assicurano che il cucciolo riceva il cibo e l'acqua necessari ogni giorno, per esempio.

Infine, pianifica di avere una routine per il tuo cucciolo di Corgi. È quasi certo che il piano cambierà, ma devi avere un punto di partenza in modo da integrare l'addestramento e la cura regolare nella giornata, ogni giorno. Potrai modificare il programma secondo necessità, ma abbi un programma con cui lavorare prima che il cucciolo arrivi. Una volta a casa tua, il cucciolo occuperà così tanto il tuo tempo che non avrai tempo di pensare a molto altro.

Nell'ultima settimana prima che il tuo cucciolo arrivi a casa, assicurati di avere tutto pianificato e pronto. Non sarà mai abbastanza, ma è molto meglio che improvvisare con un cucciolo intelligente che potrebbe essere in grado di usare la tua mancanza di pianificazione a proprio vantaggio canino.

Il viaggio verso casa

L'addestramento inizia dal momento in cui il cucciolo di Corgi sale in macchina: tutto ciò che il cucciolo deve sapere avviene durante quel primo viaggio.

Sì, sarai tentato di coccolare, giocare e fare eccezioni alle regole, ma è esattamente quel tipo di comportamento che minerà il tuo addestramento. Il tuo cucciolo sta imparando a conoscerti da quella prima impressione, e vuoi che quell'impressione sia che tu sei quello al comando. Quel faccino adorabile è sostenuto da un cervello brillante, e userà ciò

Foto di
Caitlin Cassity

che impara durante il primo viaggio in auto per capire la natura del vostro rapporto.

Tutti i cani da lavoro intelligenti richiedono una mano ferma e coerente fin dall'inizio, e i Corgi non fanno eccezione. Il primo viaggio aiuta il cucciolo a comprendere la struttura e l'organizzazione del branco.

Se possibile, dovresti avere due adulti per il viaggio. Scopri se il cucciolo è mai stato in un veicolo prima e, in caso contrario, assicurati di avere qualcun altro presente per quel primo viaggio. Una persona guiderà e l'altra conforterà il cucciolo. Anche se i Corgi non sono inclini ad avere paura, le auto non sono un fenomeno naturale e quel primo viaggio potrebbe essere spaventoso. Inizia a insegnare al tuo cucciolo quanto possono essere piacevoli i viaggi in auto.

Se prevedi di utilizzare un trasportino per il viaggio verso casa, assicurati che il cucciolo sia al sicuro. Non vuoi che il trasportino si sposti e si muova con il Corgi all'interno. Essere sballottato e sentirsi impotente al riguardo non è una grande prima impressione dei viaggi in auto.

Paure della prima notte

Le prime notti lontano dalla mamma possono essere intimidatorie, se non addirittura spaventose. Tuttavia, c'è un certo limite a ciò che dovresti fare per rassicurare il tuo cucciolo, perché a un certo punto il cucciolo impara che certi comportamenti negativi ottengono risultati. È un equilibrio difficile da raggiungere, ma alla fine ne varrà la pena. Il tuo compito è insegnare al tuo cucciolo che la notte non è così spaventosa e che la tua casa è sicura.

Se vuoi tenere il tuo Corgi lontano dai letti, devi iniziare adesso. Ciò significa che non puoi portare il cucciolo sul letto di notte. Una volta che permetti al tuo Corgi di salire sul letto, non c'è modo di convincere quel cane che in realtà intendi "niente cani sul letto".

Ci saranno rumori e suoni non familiari, e il tuo cucciolo di Corgi li sentirà tutti. In cambio, anche il tuo cucciolo probabilmente farà molti rumori che ti faranno sapere che è a disagio, ha paura o si sente semplicemente solo. Questo è prevedibile, considerando la costante compagnia che il cucciolo aveva nella sua casa precedente con la mamma e i fratelli.

Non puoi considerare questi rumori come fastidiosi per te, anche se lo saranno (specialmente mentre cerchi di dormire). Non allontanare il cucciolo da te in modo da poter dormire meglio o essere meno infastidito: ciò spaventerà solo di più il tuo cucciolo, causando ansia e rafforzando la paura di stare nella tua casa. Non importa quanto sei infastidito dai rumori, devi tenere il cucciolo nella stanza con te durante quelle prime notti terrificanti. Con il tempo, il cucciolo sarà rassicurato e calmato semplicemente dalla tua presenza nella stanza.

È probabile che tu dorma bene durante quelle prime notti? Assolutamente no. È un po' come portare a casa un neonato umano, solo che questo neonato è più peloso e più piccolo. Fa parte del patto quando decidi di prendere un cucciolo di Corgi invece di un cane adulto.

Dovresti già avere un'area designata dove far dormire per il tuo Corgi, che sia un trasportino, un recinto o una cuccia. L'area dovrebbe essere separata dal resto della stanza con confini da cui il cucciolo non può scappare (almeno non per un po'). Quando il tuo Corgi inizia a fare rumore, devi imparare a ignorare i rumori. Questo sarà estremamente difficile ed estremamente necessario: se cedi ai gemiti, ai lamenti e al pianto ora,

Foto di
Liza Gagne

il cane si aspetterà che funzioni anche in futuro (e diventerà più rumoroso ogni volta che proverai a ignorarlo in seguito).

Infine, hai bisogno di un piano per le pause bagno. Potrebbe essere una piccola area all'interno dello spazio del cucciolo o un'uscita all'esterno ogni poche ore (a seconda di come vuoi addestrare il tuo Corgi a fare i bisogni). Qualunque sia il percorso di addestramento scelto, dovrai alzarti per aiutare il tuo cucciolo diverse volte durante la notte.

Prima visita dal veterinario

Dovresti portare il tuo nuovo cucciolo dal veterinario entro un giorno o due dal suo arrivo a casa tua; questo ti aiuterà ad assicurarti che il tuo cucciolo sia sano e creerà un rapporto tra il tuo Corgi e il veterinario. Quella valutazione iniziale del tuo Corgi ti aiuterà a conoscere meglio il tuo animale domestico e ti darà la possibilità di chiedere consigli al veterinario su qualsiasi cosa di cui non sei sicuro. Questa visita è la base con cui il tuo veterinario valuterà la crescita e lo sviluppo del tuo cucciolo.

Il viaggio susciterà sicuramente emozioni nel tuo Corgi, che sia eccitazione o ansia. È molto probabile che il tuo Corgi vorrà esplorare tutto nello studio, specialmente gli altri animali. Dopotutto, questa è probabilmente la prima occasione di socializzazione del tuo Corgi con altri animali al di fuori della tua casa. Assicurati di chiedere, prima che il tuo cucciolo si avvicini a qualsiasi altro animale nell'ambulatorio veterinario: non vuoi che il primo incontro con un altro cane o gatto sia terrificante, ma che

*Foto di
Sunny Hanford*

l'altro animale sia tranquillo o interessato (anche se non troppo eccitato) a incontrare il cucciolo. Il proprietario sarà in grado di dirti se va bene o avvertirti che non è una buona idea. Ricorda, gli animali più anziani potrebbero essere malati e non sentirsi bene; presentarli a un cucciolo potrebbe essere un'idea rischiosa.

Inoltre, assicurati di dare al tuo cucciolo un feedback positivo per il buon comportamento nell'ambulatorio. Essere confortante e affettuoso insegnerà al tuo cucciolo che l'ambulatorio veterinario non è un posto cattivo (qualcosa che probabilmente imparerà dopo ripetute visite di "tortura"). Creare un ambiente positivo aiuterà il tuo cucciolo a imparare a essere a suo agio anche quando visita il veterinario.

L'inizio dell'addestramento

L'addestramento inizia nel momento in cui il cucciolo sale in macchina e continuerà nel corso della prima settimana. Costruirai su questo addestramento nelle prossime settimane e mesi.

Questo è il momento di iniziare a minimizzare i comportamenti che non vuoi.

Foto di
Cassie Thwaites

Mordicchiare

I Corgi sono noti mordicchiatori. Come cani piccoli, si affidavano al loro morso per far capire il messaggio al bestiame che ignorava il loro abbaiare. C'è una buona probabilità che il tuo cucciolo inizi a mordicchiare durante quella prima settimana: sii pronto a correggere il tuo cucciolo la prima volta che succede.

Abbaiare

Se vuoi che il tuo animale domestico sia insolitamente silenzioso (per un Corgi), devi iniziare durante quella prima settimana quando il tuo cucciolo abbaia. Probabilmente significherà qualche premietto in più, ma è così che insegnerai al tuo Corgi cosa significa stare in silenzio. Il tuo cucciolo sarà rumoroso anche quando cercherà di attirare la tua attenzione; quindi, addestrerai anche te stesso a reagire in un certo modo al rumore. Farlo ora sarà molto più facile che riaddestrare te stesso in seguito.

Il guinzaglio

L'addestramento al guinzaglio sarà probabilmente abbastanza facile poiché il tuo Corgi sarà entusiasta di uscire. Questo addestramento è in realtà tanto per te quanto per il cucciolo. Non vuoi abituarti a trascinare il cucciolo lontano dalle cose che sta annusando: dovrai iniziare a trovare modi per mantenere il tuo cucciolo in movimento senza essere troppo forzato.

Insegnare il rispetto

Con qualsiasi cane intelligente, il rispetto è essenziale per l'addestramento. Vuoi insegnare al tuo cucciolo a rispettarti senza temerti. La coerenza è il modo migliore per farlo: non fare eccezioni durante la prima settimana, perché lotterai per correggere quella lezione per il resto della vita del tuo Corgi.

Adattamento a diversi tipi di suoni

L'udito eccezionale del tuo Corgi sarà evidente fin dall'inizio: guarda quelle orecchie drizzarsi e quel muso iniziare a cercare la fonte del suono! Vuoi stare con il tuo cucciolo il più possibile, esponendo il tuo cane a quanti più suoni possibile. Questo lo aiuterà a sapere quali suoni sono sicuri, riducendo l'ansia del cucciolo e aiutandolo a imparare quando è giusto abbaiare.

Toelettatura (i Corgi perdono pelo, abituati a una toelettatura costante)

Quel bellissimo mantello resistente allo sporco ha un prezzo molto alto – la perdita di pelo non si ferma mai.

Foto di
Jessica Burleski

Dovresti prendere l'abitudine di spazzolare il tuo cucciolo, e spesso: almeno una volta a settimana, ma anche di più se vuoi combattere la perdita di pelo che sta per avvenire nella tua casa. Questo aiuterà a ridurre la quantità di pelo che si diffonderà in tutta la tua casa, oltre a insegnare al tuo cucciolo come comportarsi durante la toelettatura. Puoi alternare la responsabilità tra diverse persone, assicurandoti che i bambini siano supervisionati quando spazzolano il cucciolo. Dovrebbe essere un compito piacevole e veloce che richiede solo un paio di minuti (a condizione che tu faccia la toelettatura spesso).

Non è obbligatorio, però. Se non ti dispiace avere piccole palline di pelo di Corgi che viaggiano per casa come balle di fieno, tutto ciò che devi fare è attenerti alla toelettatura del tuo Corgi una volta al mese o una volta a trimestre – preparati solo a fare molte più pulizie domestiche.

CAPITOLO 7

Il primo mese

Alla fine della prima settimana, probabilmente sarai stanco ma avrai già un'idea della personalità del tuo cucciolo. Con la consapevolezza di cosa funziona (e cosa probabilmente no), potrai dedicare il prossimo mese a lavorare seriamente sull'addestramento. Nonostante sia un adorabile batuffolo di allegria, il tuo Corgi ti farà capire che hai il tuo bel da fare (come avrai visto durante la prima settimana).

Come per la maggior parte dei compiti impegnativi, quando addestri con successo un cucciolo di Corgi, la soddisfazione è enorme. La pratica e l'addestramento quotidiani inizieranno a dare risultati relativamente in fretta, aiutandoti a rimanere motivato. Lo sguardo entusiasta sul musetto del tuo cucciolo può essere un motivatore ancora migliore. E ricorda, quando il tuo Corgi è stanco, non ha più energia per comportarsi male.

Tieni presente questo aspetto durante il primo mese.

Non ancora al massimo delle forze

Quando il tuo Corgi sarà adulto, potrai portarlo quasi ovunque per giocare, fare escursioni ed esplorare. Adesso, però, sei in gran parte confinato a casa. Certo, potrai uscire per insegnare al tuo cucciolo a camminare al guinzaglio, ma le escursioni saranno generalmente vicine a casa per questo primo mese. Dovrai anche suddividere le passeggiate e l'esercizio fisico in modo che siano distribuiti nel corso della giornata (non puoi portare il tuo cucciolo a fare due lunghe passeggiate, il piccolo semplicemente non avrà l'energia per questo).

Dal lato positivo, ci saranno molti pisolini durante la giornata. Questo significa che dopo essere uscito per una passeggiata, puoi pianificare di svolgere un po' di lavoro mentre il tuo cucciolo crolla dal sonno. Tuttavia, devi comunque tenere il tuo cane nell'area a lui adibita: se hai una cuccia nella stanza dove lavori, può andare bene, a patto che tu sia pronto a interrompere quello che stai facendo non appena il cucciolo si sveglia.

Entro la fine del mese, probabilmente noterai che il tuo Corgi è in grado di andare molto più lontano rispetto all'inizio. Dovrai adattare la tua routine per soddisfare le esigenze del tuo Corgi: ciò potrebbe significare fare meno passeggiate che durano quasi il doppio.

Stabilire le regole e rispettarle

I Corgi amano fare di testa loro e, dato il loro aspetto e fisico incredibilmente carini, sono piuttosto abituati a ottenere ciò che vogliono. È incredibilmente facile pensare che il tuo nuovo cucciolo non sia pronto per la fermezza che sai sarà necessaria più tardi.

Non è vero: ne ha bisogno più adesso che in seguito.

Se trascuri di tenere sotto controllo il tuo cucciolo, ti risulterà quasi impossibile ottenere il controllo in seguito. Dopotutto, hai già insegnato al tuo cucciolo che non sei tu ad avere il controllo e, una volta che quest'idea si è fissata nella testa del tuo Corgi, non c'è davvero nulla che tu possa fare per cambiare la sua opinione.

Foto di
Caitlin Cassity

Sarai tentato di lasciar correre.

Il tuo cucciolo cercherà di convincerti che ha bisogno di più attenzioni, meno regole e più cibo, ma devi far capire al tuo Corgi che il tuo modo di fare è quello che vale in casa.

Se riesci a superare quel primo mese senza cedere alla sensazione che una volta tanto non farà male, avrai vita molto più facile con il tuo Corgi. Il tuo giovane e impressionabile Corgi imparerà a rispettarti fin dal primo mese, e questo fa tutta la differenza del mondo. Potrai iniziare a fare eccezioni molto, molto, molto più tardi (quando il tuo cane avrà circa cinque o sei anni). Non c'è alcun momento, mentre il tuo Corgi è un cucciolo, in cui dovresti fare eccezioni nell'addestramento e nelle regole.

Socializzazione precoce

I Corgi sono molto individualisti e, se non vengono socializzati, possono essere dei piccoli terrori. La socializzazione precoce è fondamentale per garantire che il tuo Corgi si comporti bene con altri cani e persone, per cui dovrebbe essere un'attività su cui concentrarti durante il primo mese dopo l'arrivo del tuo Corgi.

Se hai familiari e amici con cani ben socializzati, organizza degli appuntamenti di gioco con loro: puoi invitare il cane a casa tua o portare il cucciolo a casa del cane (a meno che il cane non sia territoriale, in tal caso è meglio incontrarsi a casa tua o su un terreno neutro). La socializzazione potrebbe anche essere integrata nelle tue passeggiate, se conosci persone nelle vicinanze disposte a passeggiare con i loro cani insieme a te e al cucciolo.

Devi anche socializzare il tuo Corgi con le persone. Questo sarà probabilmente più facile, poiché hai solo bisogno di persone nelle vicinanze che vogliano giocare con un cucciolo (e si trovano piuttosto facilmente). Questo può includere bambini piccoli, ma dovrai fare molta attenzione: a causa dell'udito sensibile dei Corgi, è importante che i bambini siano abbastanza calmi da non urlare e fare rumori forti intorno al cucciolo. Devono anche essere abbastanza grandi da capire di dover essere gentili con il cucciolo. Se un bambino è brusco con un cucciolo di Corgi, è molto più probabile che il Corgi ringhierà e morderà.

*Foto di
Tricia Pablo*

Foto di
Jae Ojala

Cerca di fare della socializzazione un'attività da svolgere diverse volte a settimana o, se puoi, rendila un'attività quotidiana. Più socializzi il tuo Corgi, più attività potrai goderti in giro per la città, la regione o il Paese. Dato che sono cani di taglia da viaggio, vorrai avere un Corgi che sarà felice di vedere persone e altri cani, non uno diffidente e nervoso.

In questa fase, dovresti evitare le aree cani: durante il primo mese, c'è molto che il tuo cucciolo deve imparare, e andare in un'area cani esporrà il tuo Corgi a molte cose su cui non hai controllo. A questo punto, vuoi che gli incontri e la socializzazione del cucciolo avvengano in un ambiente controllato.

Sii gentile anche con i tuoi animali domestici più anziani in questa fase; avranno bisogno di una pausa dalla palla di pelo iperattiva che non comprende limiti e confini. Assicurati che il tuo animale più anziano trascorra molto tempo lontano dal cucciolo durante il giorno. Se il tuo animale più anziano è particolarmente irritabile, può essere meglio cercare di tenere i due separati per la maggior parte, se non per tutto, il tempo.

Premi e ricompense vs. punizioni

Quando le persone pensano all'addestramento dei cani, i premi sono una delle prime cose che vengono in mente, seguiti rapidamente dalle punizioni per i cuccioli nelle prime fasi. Entrambe queste linee d'azione

69

presentano delle problematiche, e non puoi fare affidamento su un solo modo per addestrare il tuo cucciolo. Assicurarsi che il tuo cucciolo impari quando un comportamento è buono e quando è inaccettabile rappresenta un equilibrio delicato.

Quando si tratta di Corgi, però, il rinforzo positivo è molto migliore; specialmente il rinforzo positivo che arriva sotto forma di più attenzione, attività e giocattoli.

Basta guardare un Corgi per capire quanto sia pericoloso per il cucciolo aumentare di peso. Non vuoi fare affidamento sui premi alimentari per addestrare il tuo nuovo membro della famiglia (proprio come non insegni ai bambini con un flusso costante di caramelle e dolci). I premi dovrebbero essere dati con parsimonia, mentre altre forme di rinforzo positivo dovrebbero essere date liberamente e spesso. Dopotutto, non vuoi che il tuo Corgi impari ad ascoltarti solo quando c'è del cibo di mezzo.

*Foto di
Cindy Duwe*

Insegnare al tuo cucciolo che tu sei l'alfa e che dovresti essere rispettato è il modo migliore per rendere più efficaci altri rinforzi positivi. I Corgi vogliono che l'alfa sia felice di loro. Se ti rispettano, la maggior parte dell'addestramento sarà incredibilmente facile.

Occasionali punizioni potrebbero essere necessarie, specialmente per i mordicchiamenti. Tieni presente che il trasportino non dovrebbe mai essere usato come modo per punire il tuo cane: è destinato a essere uno spazio sicuro e il rifugio del tuo cane, non una prigione. Invece, metti il cucciolo in un punto in isolamento temporaneo dove può vederti, ma non può interagire con te. Poi, devi ignorare il cucciolo, non importa quanto abbai, guaisca o piagnucoli per attirare la tua attenzione: se sei visto come il capo del branco, questo sarà più doloroso di qualsiasi altra forma di punizione. È quasi impossibile esagerare quanto i Corgi vogliono stare con le loro persone. Negare loro l'accesso pur essendo ancora in grado di vederti è un forte promemoria del perché devono comportarsi in un certo modo.

Esercizio – incoraggiare l'attività fisica

Il tuo cucciolo potrebbe non essere ancora pronto per lunghe passeggiate, ma ciò non significa che voglia stare seduto in casa. Questa è l'occasione perfetta per iniziare a essere più consapevole di quanto sei sedentario.

Non preoccuparti, vorrai far fare esercizio al tuo cucciolo, se non altro perché potrai avere qualche minuto di pace dopo. Prenditi il tempo per giocare con il tuo cucciolo, sia dentro che fuori casa, in modo da essere sicuro che quando il tuo cucciolo sarà adulto, sarà abituato a muoversi e fare esercizio. Questo è assolutamente fondamentale per i Corgi, poiché possono iniziare ad aumentare di peso in età avanzata se non fanno abbastanza esercizio.

Sii creativo nei tipi di attività che fai (tenendo presente che il tuo cucciolo è ancora un cucciolo). Ci saranno cose che il tuo nuovo membro della famiglia non capirà, come il riporto. Puoi comunque iniziare ad addestrarlo, ma non essere troppo insistente: quel cucciolo è intelligente, e quando sarà pronto, imparerà a riportarti il giocattolo invece di scappare via con esso.

Altre persone e cani possono essere ottimi aiutanti quando si tratta di addestrare i cuccioli, specialmente i cani adulti. Le cose sono molto più facili da capire per il cucciolo, quando un cane adulto le fa per primo.

Assicurati che il guinzaglio sia della misura giusta. Il tuo Corgi probabilmente non sarà in grado di romperlo (a meno che non sia un guinzaglio vecchio e logoro), ma possono essere incredibilmente veloci quando si tratta di liberarsi da collari e guinzagli e scappare. Puoi parlarne con il veterinario per assicurarti che il collare sia adeguatamente stretto senza soffocare il tuo Corgi.

Attività basate sulla razza

Mantenere attivo il tuo Corgi è relativamente facile, ma i due tipi tendono a reagire meglio ad attività più adatte ai loro rispettivi gusti. Tenendo presente che ogni Corgi è diverso, quanto segue può aiutarti a capire quali tipi di attività il tuo Corgi probabilmente apprezzerà durante il primo mese. In questo modo, puoi pianificare e procurarti l'attrezzatura giusta per iniziare l'addestramento.

Tieni presente che quanto segue non vale necessariamente per tutti – ci sono Pembroke che preferiscono stare a casa e Cardigan che non desiderano altro che uscire e fare cose. In definitiva, devi adattare le attività agli interessi e alle capacità del tuo Corgi. Durante il primo mese puoi contribuire a plasmare quella personalità, ma lavorerai con le basi che sono già presenti.

Pembroke

I Pembroke amano avere uno scopo, anche quando sono giovani. Puoi iniziare ad addestrarli a partecipare a eventi di performance anche durante il primo mese. Ricorda che sono ancora cuccioli, quindi non dovresti avere aspettative troppo alte – si tratta perlopiù di divertirsi e stancare il tuo cucciolo. Il Corgi Pembroke è incredibilmente agile, e puoi iniziare a farti un'idea di cosa può fare già durante quel primo mese di convivenza.

Foto di Jessi Hall

Questo serve anche a darti un'idea di quanto dovrai prestare attenzione al tuo cane nei prossimi mesi e anni. Una volta che avrai un'idea di quanto in alto può saltare e di quali altre sorprendenti prodezze è in grado, inizierai a guardare la tua casa in una luce completamente nuova. Questo è positivo, perché probabilmente dovrai iniziare a fare degli aggiustamenti per impedire al cane in crescita di ficcarsi in cose in cui non dovrebbe ficcarsi.

I Pembroke sono anche ottimi cani da terapia. Sebbene un cucciolo non sarà in grado di fare molto, puoi iniziare a portarlo a socializzare in luoghi dove sarà anche di qualche aiuto. Assicurati di non sovraccaricare il tuo Corgi, però, poiché troppa attenzione e stimolazione possono essere opprimenti.

Cardigan

I Cardigan tendono a essere più contenti a casa. Concentrarsi sull'addestramento e su attività divertenti che ti aiutano a creare un legame può essere tutto ciò di cui il tuo Corgi Cardigan ha bisogno. Nascondino è un gioco fantastico che puoi fare con il tuo cucciolo sia in casa che in giardino. Stare con te e ricevere la tua attenzione probabilmente rende il tuo Cardigan più felice che uscire e incontrare nuove persone.

Anche il riporto può essere un'attività gratificante per i Cardigan, poiché ottengono la tua completa attenzione e riescono a renderti felice.

CAPITOLO 8

Educazione alla pulizia

Sicuramente una delle lezioni più noiose e faticose che dovrai insegnare al tuo cucciolo, l'educazione alla pulizia è tuttavia una delle più importanti che il tuo cucciolo imparerà. Con un Corgi, almeno sai che dovrebbe essere un compito relativamente facile, poiché il tuo cane è certamente abbastanza intelligente da capire velocemente.

Per iniziare, devi implementare due regole.

1. Il cucciolo non deve girare liberamente quando non c'è nessuno a controllarlo. Il tuo Corgi non vorrà stare in un trasportino sporco; quindi, c'è un rischio molto basso di incidenti quando il tuo cucciolo è nel trasportino o in un piccolo recinto una volta che l'educazione alla pulizia è iniziata.

2. Il tuo cucciolo dovrebbe avere un accesso costante e facile al luogo in cui prevedi di fare l'addestramento. In alternativa, devi essere pronto a fare frequenti uscite mentre il tuo cucciolo sta imparando.

Una volta che hai compreso e sei pronto a far rispettare queste regole, hai alcune decisioni da prendere.

Foto di
Michele Eathorne

Capire il tuo cane

Foto di
Jennifer Durward

I Corgi sono incredibilmente individualisti, e questo significa che devi capire il tuo cucciolo per addestrarlo correttamente. Il fatto che un Corgi non faccia i bisogni fuori non significa che il tuo cane non capisca: probabilmente, significa che il tuo Corgi ha trovato un'alternativa più comoda. Se non sei coerente e deciso, l'educazione alla pulizia può essere incredibilmente frustrante.

Se il tuo Corgi ama la libertà, una porticina per cani è probabilmente la tua scelta migliore. Se il tuo Corgi preferisce uscire con te, l'addestramento all'esterno con il guinzaglio è probabilmente la strada da seguire. Se decidi di addestrare in casa con i tappetini assorbenti, tieni presente che devi essere pronto a passare rapidamente all'addestramento esterno: non vuoi che il tuo cane pensi che sia un'opzione fare i bisogni dentro casa invece di uscire. Cercare di correggere questo malinteso sarà un mal di testa continuo.

Un'altra cosa interessante dei Corgi è che amano avere il loro spazio pulito; quindi, una volta che iniziano a capire l'educazione alla pulizia, ti fanno sapere quando hanno bisogno di uscire. Il tuo compito è imparare i segnali in modo che il tuo Corgi possa uscire in tempo. Questo potrebbe essere in conflitto con il programma che hai scelto, ma va bene lo stesso, poiché il programma serve ad aiutare il Corgi a capire dove deve fare i bisogni. Una volta che è ovvio che il Corgi ha capito il dove, può iniziare a farti sapere il quando.

Dentro o fuori

Anche se vorrai che il tuo Corgi faccia i bisogni fuori il più rapidamente possibile, potrebbe essere necessario iniziare con l'addestramento in casa (ad esempio, se il tuo cucciolo arriva in inverno e all'esterno fa troppo freddo per uscire frequentemente). Se inizi dentro casa, devi assicurarti che il cucciolo impari rapidamente che l'unico posto accettabile è lo spazio da te designato.

Se inizi addestrando all'esterno, preparati a portare fuori il tuo cucciolo molto spesso anche di notte, durante quelle che altrimenti sarebbero normali ore di sonno. Ciò richiederà tempo, ma fortunatamente questo sarà solo per un breve periodo poiché il tuo Corgi imparerà abbastanza velocemente. Se hai scelto un'area dove vuoi che il tuo Corgi faccia i bisogni, sarà più facile insegnarglielo dall'inizio, così non dovrai passare troppo tempo a pulire il tuo giardino ogni settimana (almeno non dai bisogni del tuo Corgi). In tal caso, devi assicurarti di addestrare il tuo Corgi fin dall'inizio, altrimenti è improbabile che ti ascolterà quando cercherai di ridurre lo spazio che ha per fare i bisogni.

Usare un guinzaglio può aiutarti a mantenere il tuo cucciolo concentrato, oltre a rendere facile mostrargli dove andare.

Stabilisci chi comanda: sii gentile ma fermo

Foto di
Tammie Songer

Devi assicurarti di essere fermo e coerente durante l'educazione alla pulizia. Ci saranno momenti in cui vorrai dire "Va bene così", ma non puoi. Una volta che lo farai, il tuo Corgi applicherà quella logica ogni volta.

Devi far sapere al tuo Corgi che sei tu a stabilire le regole. Ciò significa che devi farle rispettare in ogni momento.

È qui che sono necessarie pause regolari per i bisogni. Quando il tuo cucciolo è in grado di anticipare la pausa, sarà più facile per lui seguire le tue regole.

Rinforzo positivo, una questione di rispetto

Vuoi che il tuo cucciolo di Corgi impari a rispettarti. Una volta che il tuo cucciolo impara che sei tu il capo e rispetta le tue regole, il rinforzo positivo sarà la migliore ricompensa che il tuo Corgi potrebbe desiderare, persino meglio dei bocconcini (almeno la maggior parte delle volte).

Il tuo Corgi vorrà fare le cose a modo suo. Se il tuo cucciolo non impara a rispettarti, allora avrà pochi motivi per prenderti sul serio quando cercherai di addestrarlo.

Una relazione positiva costruirà la fiducia e il rispetto necessari per preparare il tuo Corgi all'educazione alla pulizia e oltre. Il tuo Corgi vuole solo avere confini chiari quando si tratta di sapere chi gestisce il branco: una volta capito questo, la cosa importante successiva è sapere dove si colloca nella gerarchia del branco, che include altri membri della famiglia e animali domestici. Con te stabilito come alfa, il tuo Corgi seguirà le tue regole.

Questo rende facile per te e altri membri della famiglia addestrare il tuo cucciolo, perché imparerà ad ascoltare te e gli altri.

Punire un Corgi per gli incidenti è sconsigliato. È improbabile che il tuo Corgi colleghi l'incidente alla punizione; quindi, la lezione che stai cercando di insegnare non sarà ciò che il tuo cucciolo trarrà dall'esperienza.

I Corgi amano compiacere le persone – vogliono godersi il tempo con te. Il rinforzo positivo sotto forma di attenzione è facilmente uno dei migliori motivatori durante l'educazione alla pulizia.

Programma regolare, porticina per cani o giornale

L'ultima domanda da porti è come prevedi di addestrare il tuo cucciolo di Corgi. La risposta dipenderà in gran parte dal fatto che tu scelga di iniziare l'addestramento in casa oppure esclusivamente all'esterno.

I Corgi tendono a fare i bisogni dopo alcuni eventi specifici:

- Dopo essersi svegliati (al mattino o dopo un pisolino)
- Dopo essere stati in un trasportino per alcune ore
- Quando sono al guinzaglio

Presta attenzione a quando è più probabile che il tuo Corgi abbia bisogno di fare i bisogni: questo può aiutarti a insegnare rapidamente al tuo cucciolo a usare l'esterno.

I cuccioli hanno vesciche più piccole e meno controllo su di esse. Se devi iniziare l'addestramento in casa, assicurati di portare il tuo cucciolo nello spazio designato il più rapidamente possibile dopo gli eventi che probabilmente scatenano una pausa per i bisogni. Dovrai fare la transizione il più rapidamente possibile.

Puoi anche insegnare al tuo cucciolo a fare i bisogni quando siete a passeggio. Questo potrebbe essere fatto anche nel giardino sul retro con l'addestramento al guinzaglio.

Foto di
Janet Maddox

Dipende tutto da te – i Corgi amano la pulizia

I Corgi sono una razza pulita e non amano che la loro casa sia sporca. Il tuo compito è insegnare al Corgi che l'intero interno è la casa, e che l'unico posto accettabile per fare i bisogni è fuori. Se il tuo Corgi non capisce questo, nella stragrande maggioranza dei casi la colpa è dell'addestratore, non del Corgi. È un segno che l'addestratore non è stato abbastanza coerente, fermo o positivo nell'approccio all'addestramento. I Corgi sono testardi, ma capiscono quando quella testardaggine non ha posto in casa. Se si sentono a loro agio nell'essere testardi riguardo al fare i bisogni in casa, allora devi capire dove hai sbagliato nell'addestramento. Poi, dovrai risolvere il problema per assicurarti che il tuo Corgi impari finalmente che solo l'esterno è un posto accettabile per le pause per i bisogni.

CAPITOLO 9

Socializzazione ed esperienza

I cani da lavoro intelligenti hanno bisogno di essere socializzati fin da piccoli perché molti di loro tendono a essere territoriali, e questo include i Corgi. Il tuo Corgi può essere molto divertente quando si tratta di giocare, ma se non viene socializzato adeguatamente, può trasformarsi in un piccolo terrore o essere potenzialmente terrorizzato dalle cose più innocue.

Devi pianificare la socializzazione del tuo Corgi a partire dal giorno in cui il cucciolo arriva a casa. Senza socializzazione, nessun tipo di addestramento aiuterà il tuo Corgi a interagire con altri animali ed esseri umani. Inoltre, è importante rimanere coerente con le regole anche durante la socializzazione del tuo Corgi.

Foto di
MaryAnn Carney

Benefici della socializzazione

Per i Corgi, la socializzazione è molto importante. Possono essere cani fantastici, ma hanno bisogno di un po' di guida quando si tratta di relazionarsi con altre creature (anche umane). Possono anche diventare molto nervosi se vengono lasciati soli in casa per la maggior parte del tempo. Uscire e fare attività li aiuta a imparare che il mondo è un posto sicuro, così non hanno bisogno di essere ansiosi.

Sensibilità del Corgi

I Corgi possono sentire cose che la maggior parte degli altri animali non percepisce: questo può renderli inclini all'ansia, quando non comprendono la fonte di un suono. Per il bene del tuo cucciolo, dovresti fargli conoscere molti suoni per aiutarlo a capire cosa sta creando i diversi rumori che sente quando è in casa.

È anche molto divertente osservare i Corgi interagire con altri cani. Quando sono ben socializzati, possono essere la star di qualsiasi area cani o ritrovo perché mostrano amore e attenzione a tutti.

Problemi derivanti dalla mancanza di socializzazione

Uno dei principali problemi potenziali con i Corgi è che hanno un udito straordinario. Alcuni Corgi impareranno a essere terrorizzati da ogni piccolo suono che sentono perché non sono stati esposti a sufficiente diversità. Uscendo spesso e insegnandogli come interagire con il suo ambiente, stai mostrando al tuo Corgi che il mondo è un posto divertente, non un luogo da temere. Anche se potrebbe non funzionare per ridurre l'abbaio, sicuramente aiuterà ad alleviare parte dello stress e dell'ansia quando i rumori che sente sono familiari.

Un Corgi ansioso può essere molto pauroso o molto aggressivo, e nessuna delle due condizioni è salutare. Potrebbe anche essere più incline a rosicchiare o a mordere.

Le sfide poste da un cane aggressivo e protettivo

È facile pensare che un Corgi non possa fare molto male a causa delle sue dimensioni, ma non è vero, specialmente con i bambini. Se un Corgi non è socializzato, potrebbe diventare molto più aggressivo, e questo potrebbe creare un rapporto molto malsano tra il tuo cane e il resto del mondo. Non vorrai dover tenere il tuo cane rinchiuso a causa di comportamenti aggressivi fuori casa.

I Corgi vogliono proteggerti, il che può andare bene se sei a casa e qualcuno sta cercando di entrare. Quando sei fuori casa, tuttavia, o quando hai ospiti, questo tipo di comportamento è completamente inaccettabile. Tracciare una linea di demarcazione tra i due è molto più difficile, se non socializzi il tuo Corgi: il tuo cane dovrebbe essere in grado di godere della compagnia degli altri, invece di essere rinchiuso per paura che morda o attacchi i visitatori.

Perché la genetica è importante

La genetica è un aspetto significativo perché alcuni Corgi sono più inclini a comportamenti aggressivi o paurosi. Conoscere il temperamento dei genitori ti aiuterà a determinare se un cucciolo avrà probabilmente la personalità giusta per la tua casa. Se i genitori sono nervosi o distaccati, il tuo cucciolo sarà molto più incline a mostrare gli stessi tratti di personalità.

Un cane testardo, ma fedele

I Corgi sono indubbiamente cani testardi, ma sono anche estremamente fedeli. Odiano essere lasciati soli per lunghi periodi di tempo e vogliono assicurarsi che tu sia al sicuro.

Foto di
Dawn Blanchard

I Corgi non sono noti per essere particolarmente aggressivi, ma alcuni possono esserlo. Inoltre, la maggior parte dei Corgi è incline a dare piccoli morsi, un'abitudine da cui dovrai disabituare il tuo cane il prima possibile. Tutto questo richiede un tempo adeguato trascorso con altri cani e persone.

Il modo migliore per sfruttare l'amore, l'affetto e la protettività del tuo cane è assicurarti che sappia quando il comportamento aggressivo o testardo è accettabile. Facendo una chiara distinzione, puoi aiutare il tuo Corgi a godersi il mondo senza essere costantemente diffidente di tutto.

Una gran parte di questo è assicurarsi che il tuo Corgi sappia che sei tu l'alfa della casa. Un approccio fermo e coerente all'addestramento sarà molto utile, così come una frequente socializzazione.

Problemi comuni

L'abbaio è facilmente uno dei problemi più comuni che le persone segnalano riguardo ai Corgi. Sembra che vogliano costantemente farti sapere che hanno sentito un suono che ti sei perso, il che può essere particolarmente impegnativo quando hai ospiti o sei semplicemente a passeggio. La socializzazione può aiutare a ridurre la quantità di abbaio che sopporti, rendendo il tuo Corgi più consapevole delle fonti dei suoni.

Anche i piccoli morsi sono un problema comunemente segnalato, perché è ciò che i Corgi hanno fatto per secoli per portare il bestiame al suo posto.

Le loro tendenze distruttive possono rapidamente diventare un problema quando scopri che non puoi lasciare il tuo Corgi a casa da solo senza perdere qualcosa. I Corgi odiano stare soli, quindi potrebbe essere che abbiano bisogno di un compagno, nel qual caso la socializzazione è essenziale per garantire che i tuoi animali domestici non litighino in casa. Avere un altro animale domestico può aiutare ad alleviare parte della noia e dell'irrequietezza del tuo Corgi.

Infine, i Corgi sono stati definiti prepotenti. Questo non significa che cerchino di dominare o essere l'alfa, significa solo che sono abituati a costringere animali testardi a fare ciò che è richiesto. Il bestiame può essere incredibilmente difficile da gestire, quindi i Corgi hanno imparato secoli fa che essere prepotenti funzionava per far spostare il bestiame. Ecco perché hai bisogno di un approccio fermo e coerente per addestrare il tuo Corgi – il Corgi deve sapere che sei tu al comando. Il tuo cane deve anche sentire che sei capace di essere al comando, e questo significa agire sempre come il leader.

Salutare correttamente nuove persone

I Corgi hanno un udito sensibile, ma questo non tende a renderli particolarmente sospettosi (solo cauti). Per garantire che il tuo Corgi capisca come interagire con gli altri, devi socializzare il cucciolo. Ciò può essere molto divertente, quindi non avrai problemi a trovare qualcuno che ti aiuti (chi non ama incontrare e giocare con un adorabile cagnolino?) La parte difficile è trovare il tempo per farlo abbastanza spesso da rinforzare i comportamenti positivi e insegnare al cucciolo che il mondo è un posto divertente.

Salutare nuove persone è solitamente un compito abbastanza facile fuori casa, ma può essere un po' complicato quando sei a casa. L'abbaio costante può spaventare alcuni visitatori, e il tuo Corgi lo percepirà. Pensare di avere il sopravvento può finire per far credere erroneamente al Corgi che il visitatore sia inferiore nel branco. Addestrare il tuo Corgi su come trattare i visitatori può richiedere del tempo; ma alla fine ne vale la pena, poiché il tuo Corgi diventerà un compagno piacevole per te e per chiunque venga a trovarti.

Comportamento con altri cani

I Corgi sono cani incredibilmente socievoli. Non hanno bisogno di essere alfa, ma possono credere di sapere cosa è meglio per tutti. Se hai un cane più anziano, la maggior parte dei Corgi sarà in grado di stabilire pacificamente chi è l'alfa e chi non lo è senza troppi problemi. Poiché i Corgi odiano stare soli, è probabilmente meglio avere un altro cane se sei assente da casa per diverse ore ogni giorno.

CAPITOLO 10

Essere genitore di un cucciolo

I cuccioli sono molto divertenti. Portano una prospettiva completamente nuova sul mondo che le persone semplicemente non vedono senza la guida di un cucciolo; allo stesso tempo, possono essere difficili e distruttivi in un modo sia adorabile che frustrante.

Quando si tratta di Corgi, questa relazione è complicata dal fatto che sono testardi, intelligenti e individualisti, pur essendo incredibilmente affettuosi e socievoli. Se percepiscono qualsiasi esitazione, sono abbastanza intelligenti da sapere come sfruttarla. Come ogni altro cane da lavoro intelligente, impareranno che possono manipolarti e scopriranno i modi migliori per farlo.

Quando sono addestrati correttamente, i Corgi sono compagni incredibili. Serve solo molto lavoro nei primi giorni per assicurarsi che imparino le abitudini giuste.

Mantenere una fermezza costante

Foto di
Tammie Songer

Quando si tratta di addestrare un Corgi, devi essere fermo e coerente. Nel corso della sua vita, il tuo Corgi cercherà di farla franca con comportamenti inadeguati non per ribellione, ma solo per vedere se ci riesce. È uno dei motivi principali per cui non puoi davvero fare eccezioni alle regole, nemmeno quando è ancora un cucciolo.

Se ti abitui a fare eccezioni perché il cucciolo è adorabile, non riuscirai ad addestrare con successo il tuo Corgi. Quei visetti simili a volpi nascondono una mente incredibilmente acuta che noterà e ricorderà un'azione che ha permesso loro di ottenere ciò che volevano.

Ricorda, sono intelligenti e testardi: devi essere inflessibile con il tuo cucciolo, se vuoi un cane ben educato.

Il tuo cane non intende fare del male e certamente non sta cercando di essere ribelle. I Corgi, semplicemente, amano fare le cose a modo loro e sono generalmente abbastanza furbi da riuscirci; tuttavia, potrebbe significare anche che il tuo cane non ti rispetta. Ecco perché è così importante essere coerente e fermo: il tuo cane deve sapere che sei tu l'alfa del branco in ogni momento.

Il mordicchiare dei cuccioli e a cosa fare attenzione

I cuccioli mordicchiano. All'inizio, stanno mettendo i denti e provano sollievo mordendo qualcosa. Successivamente, lo fanno come parte del loro apprendimento e socializzazione. I Corgi sono una delle razze con cui devi fare particolare attenzione, perché hanno la tendenza a essere distruttivi quando si annoiano. Mordicchiare le cose fa parte di un'abitudine.

Per i primi mesi dopo l'arrivo del cucciolo a casa, dovresti tenerlo in un luogo sicuro dove ci sono solo poche cose da masticare. Devi anche assicurarti che non ci sia modo per il tuo cucciolo di scappare. Ciò significa assicurarsi che non ci siano mobili o altri oggetti che possano essere spostati o rovesciati e su cui saltare. I Corgi iniziano a risolvere problemi sorprendentemente presto e, sebbene non siano inclini ad abbattere cancelli e barriere, non sono contrari a trovare modi per aggirarli.

Quando il tuo cucciolo non è nello spazio recintato, devi tenerlo d'occhio in ogni momento. Proprio come quando ti prendi cura di un neonato o di un bambino piccolo, una volta che ti girerai per guardare altrove, quel cucciolo si metterà nei guai. Se non hai tempo di tenere d'occhio il tuo Corgi, tienilo in un posto dove non c'è molto da masticare (oltre alle cose che non ti dispiace che il cucciolo mastichi).

Puoi tenere giocattoli e oggetti da masticare intorno al tuo cucciolo in ogni momento, in particolare nell'area designata del Corgi. Questo aiuta il cucciolo a imparare cosa è appropriato masticare. Quando è il momento di uscire e giocare, il tuo Corgi imparerà cosa non masticare, ed è per questo che devi mantenere la tua attenzione sul cucciolo. Col tempo, il tuo cane imparerà cosa è accettabile usare come giocattolo da masticare.

Il mordicchiare dei cuccioli e cosa insegnare

Oltre a rosicchiare gli oggetti, i Corgi possono mordicchiare anche le persone, in particolare i bambini piccoli. Insegnare loro a non farlo va contro gli istinti per cui sono stati selezionati per secoli, ma non è impossibile. È essenziale che tu tenga d'occhio il tuo cucciolo: al primo segno che il cane sta mordicchiando, devi intervenire e far sapere al Corgi che non è un comportamento accettabile. Di solito, ci sarà un abbaiare prima che inizi a mordicchiare: se noti che il tuo cucciolo si sta eccitando, cerca di calmarlo prima che inizi a mordicchiare.

Il cucciolo deve imparare che giocare è accettabile, quindi non scoraggiare il gioco, solo il mordicchiare. Finché il cucciolo è tranquillo durante il gioco, puoi goderti il momento.

Foto di
Susan Dale

Dovrai anche esporre il tuo cucciolo ad altre persone per assicurarti che il Corgi capisca che l'interazione deve essere coerente, indipendentemente da chi è presente. Se hai bambini, dovrai assicurarti che capiscano che possono giocare con il cucciolo solo quando c'è un adulto presente. I bambini più grandi dovrebbero capire come gestire il mordicchiare.

L'abbaiare del Corgi

È quasi garantito che il tuo Corgi abbaierà. Sebbene sia possibile addestrare i Corgi a essere più silenziosi, i tassi di successo sono decisamente variabili.

Se il tuo cucciolo ti abbaia quando stai facendo qualcosa, semplicemente ignoralo. L'abbaiare è un modo per costringerti a prestare attenzione e includere il cucciolo nelle tue attività. Se non stai facendo qualcosa che può includere il cucciolo, deve imparare che abbaiare non sarà efficace. Se il tuo Corgi smette di abbaiare, dagli qualche momento per assicurarti che non ricominci, poi, se possibile, coinvolgilo nella tua attività: il tuo Corgi è intelligente e capirà rapidamente che essere incluso significa stare lì senza abbaiare.

Ci sono alcuni altri trucchi, ma questo è uno dei consigli di addestramento più basilari che puoi impiegare non appena arrivi a casa con il tuo cucciolo, nonché il modo migliore per iniziare ad addestrare il tuo cane a non abbaiare continuamente.

Comportamento distruttivo

Il comportamento distruttivo è una preoccupazione per tutti i genitori di cuccioli, ma questo è particolarmente vero per coloro che hanno cani da lavoro intelligenti, poiché questi cani hanno molta energia e si annoiano molto facilmente. Essere distruttivi è il loro modo di farti sapere che hanno bisogno di essere intrattenuti o impiegati in un compito.

In casa

I Corgi possono distruggere cose che non ti aspetteresti mai perché sono eccellenti risolutori di problemi. Se pensi che i giocattoli e gli strumenti di scrittura sul tavolino siano al sicuro semplicemente perché sono sopra la testa del cucciolo, scoprirai che il cucciolo può trovare un modo per raggiungerli comunque.

Quando si tratta di Corgi, devi fare due cose.

- Addestrarli a non essere distruttivi.
- Assicurarti che non possano raggiungere nulla che non vuoi che distruggano/mangino.

I giocattoli possono aiutare, ma di solito solo per poco tempo, perché il tuo cucciolo si annoierà di un nuovo gioco velocemente, proprio come farebbe un bambino piccolo. Nessun giocattolo occuperà l'attenzione di un Corgi per più di pochi minuti; in men che non si dica, il cucciolo andrà alla ricerca di qualcosa di più interessante da fare.

Per mantenere al sicuro il tuo cucciolo e i tuoi oggetti, devi tenere il Corgi in uno spazio limitato quando non puoi concentrarti sulle attività del cucciolo.

All'esterno

Portare il cucciolo all'aperto non impedirà comunque i suoi comportamenti distruttivi; impiegherà solo un po' più di tempo per annoiarsi, dato che ci sono così tanti odori. Non appena il tuo cucciolo si sentirà a suo agio e annoiato, inizierà a masticare e distruggere.

Proprio come devi prendere precauzioni all'interno, devi assicurarti che non ci sia modo per il cucciolo di arrampicarsi sulla tua recinzione. Data la loro taglia, devi anche assicurarti che la recinzione arrivi fino a terra e non ci siano spazi dove un Corgi possa scivolare verso l'esterno. Non potrai lasciare il tuo cucciolo da solo all'esterno e potrai essere solo marginalmente distratto mentre il cucciolo esplora, poiché un Corgi ha una statura così piccola che, una volta che il tuo cucciolo si infila in qualcosa, diventa molto difficile trovarlo.

Pianifica i primi mesi di interazione all'aperto con il tuo Corgi: questo renderà più facile mantenere il cucciolo al sicuro e impedire che le tue cose (incluse le piante) vengano demolite.

Gestire il comportamento

Data la loro elevata intelligenza ed energia, la migliore prevenzione per il comportamento distruttivo è essere sempre attenti al cucciolo e assicurarsi che faccia abbastanza esercizio da ridurre al minimo le tendenze distruttive. I Corgi sono molto divertenti da avere intorno, quindi

Foto di
Liza Gagne

non sarà un grande impegno giocare e passeggiare con il tuo Corgi abbastanza da stancarlo.

Se sei un compagno costante e una personalità alfa, il tuo cucciolo imparerà ad ascoltarti e rispettarti.

Durante le prime fasi della vita del cucciolo devi dedicare molto tempo a mantenerlo attivo, in modo che sia troppo stanco per comportarsi male. Devi anche iniziare l'addestramento il prima possibile così che, man mano che la resistenza del Corgi migliora, l'addestramento sia sufficiente a tenerlo sotto controllo.

È ora di giocare!

Il momento del gioco è fantastico per te e per il tuo cucciolo: i Corgi vogliono solo stare con il loro branco divertendosi, e tu gli stai dando tutto ciò di cui ha bisogno per stare lontano dai guai. (Per non parlare del fatto che sono così incredibilmente carini da cuccioli, che è difficilmente un impegno giocare con loro fino a farli stancare.)

Trova del tempo nell'agenda per momenti di gioco regolari. Non importa quanto sei occupato, questa è una cosa che devi fare diverse volte al giorno per addestrare correttamente il tuo Corgi. Non amano stare da soli, e questo è il periodo in cui iniziano davvero a capire le regole e i limiti. Puoi addestrare il tuo cane per tutto il corso della sua vita, ma ciò che insegni ora avrà un enorme effetto su quanto bene potrai addestrarlo durante la crescita e in seguito. Ricorda, questa è la base per tutto l'addestramento successivo.

Inizia a insegnare trucchi al cucciolo il prima possibile. Questo non solo mantiene la mente del tuo Corgi attiva, ma può aiutarti a creare un legame. È un modo straordinariamente piacevole per coinvolgere il Corgi in una stimolazione fisica e mentale che ridurrà la tendenza a masticare e distruggere tutto ciò che è nelle vicinanze.

I Corgi amano stare con te e vogliono impressionarti con ciò che sanno fare. Essere portati fuori per esplorare ed essere attivi è il massimo della vita per un Corgi. Giocare con il tuo cucciolo fornisce un ambiente sicuro e divertente per imparare come comportarsi. La tua dedizione ora si tradurrà in un compagno adorabile, amorevole e leale per molto tempo.

CAPITOLO 11

Convivere con altri cani

Entrambi i tipi di Welsh Corgi tendono ad andare molto d'accordo con gli altri cani, specialmente se inizi con un cucciolo. Essendo un cane che odia stare solo, il tuo Corgi sarà molto più felice con la compagnia di un altro cane in casa mentre tu sei fuori.

Potrebbero impiegare un paio di giorni per capire chi è il capobranco, ma nella maggior parte dei casi non dovrai preoccupartene troppo. I Corgi sono abbastanza furbi da ottenere ciò che vogliono anche se l'altro cane o gli altri cani credono di essere al comando.

Presentare il tuo nuovo cucciolo

Foto di
Janet Maddox

Le presentazioni devono iniziare in un luogo neutrale, perché il tuo cane potrebbe sentirsi territoriale: un terreno neutro farà sentire il tuo cane più a suo agio con il nuovo cucciolo, dato che il nuovo Corgi non starà invadendo il suo spazio. Non importa di che razza sia il cucciolo: questo vale sempre quando si introduce un nuovo cane in casa.

Quando il tuo cucciolo e il tuo cane (o cani) iniziano a sentirsi a loro agio l'uno con l'altro, potete iniziare a dirigervi verso casa. Quando entreranno tutti insieme in casa, ci sarà già una certa familiarità tra il tuo cucciolo e il resto del branco.

Questa sensazione di familiarità non è un legame istantaneo. Dovrai tenere separati il cucciolo e gli altri cani quando non sei presente. Il cucciolo dovrebbe avere uno spazio personale dove solo lui può riposare. Questo faceva parte del lavoro di preparazione iniziale; quindi, quando il cucciolo arriva in casa, quest'area dovrebbe essere già predisposta.

Nell'area del cucciolo non dovrebbe esserci nulla che appartenga agli altri cani: questo può creare tensioni e problemi inutili che difficilmente si risolveranno pacificamente. Il tuo Corgi vorrà masticare tutto, e il concetto di proprietà non significa ancora nulla per lui. Tuttavia, il tuo cane attuale lo vedrà come una sfida al suo posto e potrebbe reagire di conseguenza. Questo vale anche quando il cucciolo è fuori dalla sua area designata: devi assicurarti che non ci sia nulla che appartenga all'altro cane a portata del cucciolo. Tutto quello che devi fare è riporre i giocattoli dell'altro cane quando è il momento per il cucciolo di giocare.

L'ora dei pasti per i diversi animali dovrebbe avvenire in luoghi diversi della casa. Il cibo è una delle maggiori cause di gelosia, e non vuoi che ci sia questo tipo di tensione inutile tra il cucciolo e i tuoi animali attuali. Potrai avvicinare le ciotole per rendere l'ora dei pasti più comoda in seguito, ma all'inizio dovresti tenerle separate.

I cani diventano gelosi quando vedono i loro umani dare attenzioni ad altri cani, anche se cuccioli. Preparati a questo quando porti a casa il cucciolo: dovrai assicurarti che il tuo cane continui ad avere del tempo da solo con te in modo che non si senta come se il cucciolo lo stesse sostituendo. Assicurati di avere già stabilito regole e orari in modo da poter dare al tuo cane abbastanza attenzioni quotidianamente. Dovrai essere fermo e coerente sia con il cucciolo che con il cane già adulto.

Uno dei maggiori vantaggi dell'avere un cane già adulto è che, molto probabilmente, inizierà a rimproverare il tuo cucciolo. Il tuo cane non proverà lo stesso senso di adorazione che provi tu guardando il cucciolo, il che lo rende un ottimo mentore e insegnante per il cucciolo di Corgi. Anche se non puoi affidarti al cane come addestratore principale del tuo Corgi, aiuterà il cucciolo a capire qual è il suo posto nel branco e quali comportamenti non sono accettabili. Puoi lasciare che il tuo cane faccia qualche rimprovero, ma assicurati che il cucciolo non subisca danni. Pensare al tuo cane come a un babysitter può aiutarti a stabilire il giusto equilibrio nel modo in cui il cane e il cucciolo interagiscono.

Se il tuo cane non assume questo ruolo, va bene lo stesso. Non cercare di imporre al tuo cane un ruolo con il nuovo cucciolo. I tuoi cani capiranno da soli, se darai loro il tempo necessario e li supervisionerai finché il loro rapporto non si sarà stabilizzato.

Mentalità del cane da lavoro

Tutti i cani da lavoro hanno una mentalità particolare, e l'affascinante piccolo Corgi non fa eccezione: sono abituati a essere quelli al comando quando sono con altri animali, e questo potrebbe influenzare il modo in

Foto di
Betsy Ellsworth

cui si sentono riguardo ai tuoi altri animali domestici. A un certo punto, questa caratteristica emergerà nel tuo cucciolo, e i mordicchiamenti e l'abbaiare saranno evidenti. Il cucciolo non sta cercando di comportarsi male: semplicemente, la sua genetica gli dice che questo è un comportamento accettabile (e necessario).

Come umano, il tuo ruolo è assicurarti di sapere quale cane si è stabilito come canide dominante. Devi saperlo perché dovrai rivolgerti ai membri della tua famiglia pelosa in base all'ordine che hanno stabilito.

Man mano che il tuo cucciolo di Corgi cresce e inizia a sfidare il tuo cane, devi essere consapevole della dinamica potenzialmente in cambiamento. È possibile che il tuo canide più giovane finisca per essere il cane dominante in casa (questo è del tutto probabile se il tuo altro cane è uno Spaniel o un'altra razza tranquilla).

Quando saprai chi è l'alfa, dovrai salutare prima il cane alfa, mettergli il guinzaglio e dargli da mangiare per primo. Questo può aiutare a ridurre i litigi ed evita che il tuo cane più anziano si senta sminuito, se è lui il cane dominante.

Puoi usare questo metodo anche per insegnare al tuo cucciolo di Corgi che il cane più anziano è l'alfa. Riconoscendo sempre prima il cane più vecchio, stai facendo capire al cucciolo che quello è più in alto nel branco. Con l'età del cucciolo questo potrebbe cambiare, ma potrebbe anche rimanergli impresso. Alcuni Corgi accetteranno facilmente questo metodo, che ti eviterà l'intera faccenda di stabilire un cane alfa.

Morsi, lotte e gestione della rabbia del cucciolo

I cuccioli sono impegnativi per molte ragioni, ma questa può essere una delle sfide più difficili del gestire un cane giovane. I Corgi sono noti per essere piuttosto equilibrati, ma devi fare attenzione all'aggressività quando il cucciolo è giovane. Ci saranno momenti in cui il cucciolo non sarà felice, e il risultato potrebbe essere mordicchiare e scagliarsi contro il tuo altro cane. Questo è estremamente probabile quando il tuo cuccio-

Foto di
Jessi Hall

lo di Corgi raggiunge le dimensioni adulte.

Essere fermo e coerente è l'unico modo per affrontare questo problema.

Un Corgi non addestrato può essere un cane piuttosto mostruoso, perché non gli è stato insegnato che non può costringere gli altri a fare le cose in un certo modo.

Devi trascorrere molto tempo con il cucciolo in modo da capire quando sta giocando e quando è arrabbiato. Quando noti un comportamento aggressivo (non solo giocoso), devi intervenire immediatamente e insegnare al tuo Corgi che quello è un comportamento inaccettabile.

Iniziare l'addestramento in una fase molto precoce può aiutarti a capire quando il tuo cucciolo sta giocando e quando il comportamento sta andando oltre il giocoso.

Crescere più cuccioli contemporaneamente

Crescere un cucciolo è quasi un lavoro a tempo pieno, ma c'è chi si assume il compito di crescerne due contemporaneamente. Se vuoi crescere due cuccioli di Corgi allo stesso tempo, ti aspetta sicuramente una sfida: questi cani non sono sciocchi e, quando uniranno le forze, avrai difficoltà a essere più furbo di loro. Dovrai lavorare sodo per farli comportare come vuoi tu una volta raggiunta la maturità.

Una delle prime cose che noterai è che la tua vita personale passerà in secondo piano. Trascorrerai la maggior parte della giornata a occuparti dei tuoi cuccioli. Questo è assolutamente essenziale, se non vuoi avere il doppio della distruzione in casa.

Prima di tutto, devi passare del tempo con entrambi insieme, ma anche interagire con loro separatamente. Non sono lo stesso cane, quindi non puoi trattarli allo stesso modo. Ogni cucciolo avrà punti di forza e di debolezza diversi. Passare del tempo con loro insieme sarà facile, ma dovrai dedicare del tempo anche a ciascun cucciolo individualmente. Sarà una sfida, soprattutto quando uno piagnucola mentre giochi con l'altro.

Uno dei modi migliori per affrontare questo problema è avere qualcun altro che giochi con l'altro cucciolo, poi scambiarsi: questo mantiene entrambi i cuccioli felicemente occupati in modo che non diventino gelosi.

Proprio come è probabile che il tuo cucciolo litighi con un cane più anziano, è quasi certo che i cuccioli di Corgi inizieranno a litigare tra loro quando avranno tra i tre e i sei mesi. Stanno stabilendo chi è il cane dominante, e va bene così. Devi solo assicurarti che capiscano che tu sei l'alfa del branco in modo che non inizino a mettere in discussione la tua autorità su di loro.

Proprio come devi ridurre al minimo le distrazioni dei cuccioli (e loro saranno le loro peggiori distrazioni), devi ridurre al minimo anche le tue. Se stai preparando il loro cibo, devi rimanere concentrato su questo finché i cuccioli non stanno mangiando. Se ti stai preparando per una passeggiata, appena metti i guinzagli, esci dalla porta. I cuccioli imparano attraverso l'osservazione; quindi, mostra loro come rimanere concentrati e portare a termine le cose. Se non lo farai, non avrai nessun altro da incolpare se non te stesso quando inizieranno a diventare turbolenti e ingestibili. Dopotutto, li hai eccitati all'idea di mangiare o camminare solo per lasciarli in attesa: i cani non comprendono il concetto di pazienza, ma con tutta quell'eccitazione ora repressa e pronta a esplodere, sarai tu a soffrire per non aver portato a termine l'attività.

Ricorda, il loro cattivo comportamento è in realtà un riflesso di come li hai addestrati: se richiedi costantemente che si concentrino durante l'addestramento, ma non riesci a concentrarti sui compiti con loro, entrambi i tuoi cuccioli lo noteranno. Sii coerente e concentrato per evitare problemi inutili con i tuoi cuccioli.

Se non riesci a decidere tra un Welsh Corgi Pembroke o un Cardigan, puoi prenderne uno di ciascuno. Molto probabilmente, scoprirai che i cani avranno caratteri piuttosto simili, cosa che evidenzia come l'addestramento, l'ambiente e l'attenzione giochino un ruolo importante nel modo in cui il cucciolo cresce. Oppure, potresti scoprire che i tuoi due cani hanno personalità molto diverse e distinte. È certamente un esperimento interessante che ti offrirà qualcosa da osservare per anni e ti permetterà di comprendere molto meglio la razza.

Addestrare il tuo cucciolo di Welsh Corgi

I Corgi possono capire molto più del cane medio e sono sempre alla ricerca di modi per usare questa capacità a loro vantaggio. La loro energia è elevata per un cane così compatto, ma non ingestibile. Tuttavia, quel loro cervello può metterli nei guai se non gli dai modi per evitare di annoiarsi.

Quando hai a che fare con cuccioli intelligenti ed energici, ci sono alcune attività che sono imprescindibili e altre che sono solo opzionali. In ogni caso, l'addestramento è un impegno a lungo termine con un Corgi, perché una volta stabilite le regole non c'è davvero modo di deviarvi. Qualsiasi eccezione a una regola sarà probabilmente usata contro di te in futuro. I Corgi non sono ribelli, sono solo incredibilmente intelligenti

Foto di
Cherie Doyle

e non amano sentirsi dire di no; tuttavia, con l'addestramento giusto, rispetteranno il tuo "no" piuttosto che deludere l'alfa.

Fermezza e coerenza

Se non adotti un approccio fermo e coerente con il tuo Corgi, non avrai successo nell'addestramento. Eccezioni e indulgenza vengono viste come una rinuncia alla tua posizione o indicano al Corgi che ha un certo spazio di manovra per prendere decisioni: il tuo Corgi prenderà questo come modello per ottenere ciò che vuole in futuro.

Rimanere coerente e fermo sarà difficile. Sarai stanco o avrai una giornata difficile, ma devi continuare, non importa quanto sia carino il tuo cucciolo o quanto tu voglia semplicemente sederti a coccolarlo invece di fare il regolare lavoro di addestramento.

L'addestramento è un modo per insegnare al tuo cucciolo, e tutti i cani da lavoro richiedono che l'addestratore rimanga concentrato, adotti un approccio coerente e sia deciso quando applica l'addestramento. La flessibilità arriva molto più tardi, quando il cane ha compreso quali sono tutte le regole.

Foto di
Gayla Miller

In questo momento, stai insegnando al tuo cucciolo il suo posto nel branco. Non dovrebbe esserci alcun dubbio che tu sia il cane alfa del branco. Mentre i Corgi non devono essere l'alfa, amano avere voce in capitolo: se non è chiaro che sei un alfa deciso, cercheranno di sfruttare la situazione in modo da avere più voce in capitolo su come viene gestita la casa.

Una cosa da tenere a mente è che i cani non sono a loro agio, se la gerarchia del branco non è ben definita. Hanno bisogno di struttura e di un posto dove sentirsi a proprio agio. Se non sei coerente e fermo, è un segnale che la struttura non è definita e il tuo Corgi vorrà definire le posizioni. I Corgi non hanno problemi a non essere l'alfa, ma hanno bisogno di sapere chi lo è. Devono anche conoscere il loro posto per evitare di diventare ansiosi e stressati.

Guadagna il loro rispetto dal primo giorno

I cani operano sulla base del rispetto. Senza rispetto, non ti ascolteranno.

Ricorda che paura e rispetto non sono la stessa cosa: vuoi che il tuo cane ti ami, non che ti tema.

Farti rispettare dal tuo Corgi è in realtà relativamente facile: finché sarai fermo e coerente, il tuo Corgi si sentirà a suo agio. Ciò significa anche che devi rimanere concentrato. Se stai costantemente cercando di fare più cose contemporaneamente e non riesci a completare ciò che stai facendo, non otterrai il rispetto del tuo cane (ovviamente, questo significa compiti relativi al tuo Corgi – il tuo cane non saprà se completi compiti che non lo riguardano).

Uno dei modi migliori per ottenere il rispetto di un Corgi è attraverso l'interazione positiva, specialmente il rinforzo positivo. Trascorrendo del tempo con il tuo cucciolo, stai costruendo una relazione sana e mostrando al cucciolo dove si colloca nell'ordine del branco. In definitiva, i Corgi vogliono solo stare con te divertendosi. Finché sarai fermo e coerente, il tuo Corgi ti rispetterà.

Basi del condizionamento operante

Il condizionamento operante è un termine più scientifico per definire il concetto di "azione e reazione": ciò che devi fare è fornire al tuo cucciolo di Corgi le giuste conseguenze per ogni comportamento.

Con un cane da lavoro, il modo migliore per utilizzare il condizionamento operante è attraverso il rinforzo positivo. Questo tipo di addestramento è più efficace con i cani da lavoro perché vogliono compiacere i loro umani. Vogliono lavorare con te e svolgere i loro compiti. Sapere che stanno facendo qualcosa di giusto è molto più utile per il loro comportamento che sapere quando fanno qualcosa di sbagliato. Con così tanta energia, saranno in grado di continuare a provare finché non ci riusciranno.

Ci sono due tipi di rinforzi per il condizionamento operante:

- Rinforzi primari
- Rinforzi secondari

Utilizzerai entrambi durante l'addestramento del tuo Corgi.

Rinforzi primari

Un rinforzo primario dà al tuo cane qualcosa di cui ha bisogno per sopravvivere, come cibo o interazione sociale. Entrambi sono rinforzi incredibilmente efficaci per i Corgi - adorano i premi e passare del tempo con te. È esattamente ciò che rende queste ricompense così efficaci durante l'addestramento.

Inizialmente, ti affiderai ai rinforzi primari perché non dovrai insegnare al tuo Corgi a gradirli. Tuttavia, devi mantenere un equilibrio: i pasti e il tempo di gioco non dovrebbero mai essere negati al tuo Corgi, indipendentemente da quanto male si comporti. Queste cose sono essenziali per vivere e dovrai dargliele – ciò non è negoziabile. Sono cose come i premietti e il tempo di gioco extra che vengono utilizzati per rinforzare il buon comportamento.

È meglio fornire troppa attenzione e affetto, piuttosto che troppi premietti: con la loro piccola statura, i Corgi hanno bisogno di mantenere una dieta ben equilibrata per essere sani. Se ti affidi ai premietti invece

Foto di Jessi Hall

che all'attenzione, stai preparando te stesso e il tuo cucciolo a seri problemi in futuro.

Rinforzi secondari

Probabilmente hai usato la ripetizione per diventare bravo nei tuoi hobby, sport e altre attività fisiche - questo è un rinforzo secondario. Senza dubbio, l'esperimento di Pavlov con i cani è l'esempio più riconoscibile di rinforzo secondario. Usando una campana, Pavlov ha insegnato ai cani che quando la campana suonava, significava che era ora di mangiare. I cani del test hanno iniziato ad associare il suono di una campana con l'ora dei pasti, condizionati ad associare qualcosa di non correlato con un rinforzo primario. Puoi vederlo a casa tua quando tiri fuori una busta di crocchette: se hai gatti o cani, probabilmente accorrono non appena sentono il rumore della busta che si apre.

I rinforzi secondari funzionano perché il tuo Corgi associa lo stimolo con qualcosa che è gradito: questo rende il tuo cucciolo più propenso a fare come gli dici di fare. I cani che sono stati addestrati a sedersi usando solo un premietto reagiranno automaticamente sedendosi, quando hai un premietto in mano. Non aspetteranno nemmeno che tu dica loro di

Foto di
Jessica Burleski

sedersi: sanno che sedersi significa più cibo; quindi, lo fanno automaticamente una volta che hai creato quell'associazione. Naturalmente, questo non è l'addestramento corretto perché devono imparare a sedersi quando dici "seduto", non quando hai un premietto: questa è la vera sfida.

Fortunatamente, è relativamente facile addestrare un Corgi con il giusto stimolo perché sono incredibilmente intelligenti. Mentre amano il cibo, puoi mostrare loro che lo stimolo è la parola, non il cibo. Lo capiranno molto più velocemente della maggior parte degli altri tipi di cani.

Puoi anche usare giocattoli e attenzione come modo per far fare al tuo cucciolo di Corgi la cosa giusta. Se hai un programma regolare e sei disposto a cambiarlo un po' per dare al tuo cucciolo un po' più di attenzione per aver fatto qualcosa di giusto, sarà efficace quanto un premietto perché amano l'attenzione. Puoi portare il cucciolo a fare una passeggiata extra, fargli trascorrere un po' più di tempo giocando con un giocattolo preferito o prenderti del tempo extra per coccolarlo.

A volte è necessaria anche la punizione, ma devi fare molta attenzione a come la applichi. Cercare di punire un Corgi può essere complicato, ma negare al tuo Corgi la tua attenzione può funzionare molto bene. Metti semplicemente il tuo cucciolo in un'area recintata dove il Corgi può vederti ma non può interagire con te: il piccolo guairà e piagnucolerà per farti sapere che vuole uscire. Non cedere, perché questa è la punizione. Ignora semplicemente il tuo cucciolo in modo che il Corgi impari a non comportarsi male.

Le punizioni devono avvenire subito dopo il comportamento indesiderato. Se il tuo Corgi mastica qualcosa e lo scopri solo dopo diverse ore, ormai è troppo tardi per punire il cucciolo. Lo stesso vale per le ricompense. Per rinforzare il comportamento, la ricompensa o la punizione devono essere quasi immediate. Quando lodi o punisci il tuo cucciolo, assicurati di mantenere il contatto visivo. Puoi anche prendere il cucciolo per la collottola per assicurarti di mantenere il contatto visivo. Non avrai bisogno di farlo quando stai lodando il tuo cane perché manterrà automaticamente il contatto visivo. I Corgi adorano sentire parlare di ciò che hanno fatto bene e adorano sentire le tue lodi.

Perché il cibo è un cattivo strumento di rinforzo

Con la piccola statura di un Corgi, il cibo non è qualcosa che dovresti usare spesso. Non ci vuole molto perché un Corgi prenda troppo peso. Essendo l'affetto e l'attenzione motivatori così efficaci, è meglio usarli il più possibile invece di abituare il tuo Corgi a ricevere premietti come ricompense. Usali con parsimonia.

Un altro motivo per usare i premietti con parsimonia è perché non vuoi che il tuo cucciolo ti risponda principalmente quando hai del cibo. Se il tuo Corgi associa l'addestramento ai premietti, potresti avere difficoltà ad addestrare il tuo Corgi ad ascoltarti senza di essi.

I premietti possono essere usati nelle prime fasi, quando il metabolismo del tuo cucciolo è alto e non è stato condizionato a rispondere al rinforzo secondario. Questo ti darà qualcosa per aiutare il tuo cucciolo a imparare a concentrarsi mentre lo addestri a comprendere altri incentivi. Non dovrebbe volerci troppo tempo prima di poter iniziare la transizione. I premietti sono anche il modo migliore per insegnare certi tipi di comportamento, come rotolare. Il tuo cucciolo seguirà automaticamente il premietto, rendendo facile per lui capire cosa intendi.

I premietti sono anche i migliori per i comandi iniziali ("seduto", "fermo" e "lascia"). Il tuo cane non capisce ancora le parole e farà rapidamente la connessione tra ciò che stai dicendo e perché il premietto viene offerto. "Lascia" è molto difficile da insegnare senza premietti perché non c'è incentivo a lasciare qualcosa, se il tuo cucciolo vuole davvero l'oggetto che ha già in bocca. I premietti devono essere abbastanza appetibili da far lasciare al cucciolo qualsiasi cosa abbia in bocca mentre la sua attenzione e il suo desiderio si concentrano sul cibo.

Piccoli passi verso il successo

Per le prime settimane e mesi, il tuo cucciolo non capirà cosa stai facendo mentre cerchi di addestrarlo su dove fare i bisogni. Devi renderti conto che dovrai iniziare lentamente e costruire una routine quotidiana. Il tuo cucciolo è in un posto nuovo, e questo sarà una distrazione finché il posto non diventerà familiare. Una volta che il posto sarà meno eccitante, il cucciolo sarà in grado di concentrarsi sull'addestramento senza tante distrazioni.

L'addestramento deve davvero iniziare non appena porti il tuo cucciolo a casa. Mentre il tuo cucciolo prende familiarità con l'ambiente circostante, puoi insegnargli a entrare nel trasportino. Imparare a entrare nella gabbia su comando ha alcuni benefici molto evidenti, specialmente quando devi uscire e non hai voglia di lottare con il cucciolo. È anche un ottimo modo per introdurre il cucciolo ai premietti come ricompensa in modo che il resto dell'addestramento proceda un po' più facilmente.

Devi iniziare in piccolo. Una volta che il tuo Corgi avrà preso confidenza con il sistema di ricompense, l'addestramento inizierà a essere molto più facile e veloce.

Perché gli addestratori non sono sempre necessari

I Corgi amano compiacere le loro persone. Quando si comportano male, è quasi sempre per noia. Questo è qualcosa che puoi facilmente controllare se non sei assente per gran parte della giornata. Se sarai via per molto tempo (sei o più ore), il modo migliore per evitare che i cuccioli di Corgi diventino distruttivi è tenerli nei loro trasportini quando sei fuori casa. Se hai cani più anziani, sono un ottimo modo per tenere i Corgi

*Foto di
Kandace Wilkens*

sotto controllo e intrattenerli. Mentre all'inizio dovrai usare il trasportino anche con un altro cane in casa, nel tempo, il cane o i cani più anziani potranno iniziare ad aiutare il cucciolo a trascorrere del tempo fuori dal trasportino. Questo dovrebbe essere fatto a piccoli incrementi: non lasciare che il cucciolo stia fuori dal trasportino per un'intera giornata. Se hai un paio di commissioni da fare e tornerai dopo circa trenta minuti o giù di lì, può essere un buon primo momento per lasciare che il cane più anziano diventi responsabile del cucciolo.

A parte te e un cane più anziano, i Corgi non hanno davvero bisogno di addestratori speciali. Considera un addestratore se non hai il tempo di occuparti dell'addestramento da solo. Tuttavia, se stai per prendere un cucciolo di Corgi, è molto meglio assicurarti di avere il tempo per occuparti dell'addestramento tu stesso: l'addestramento iniziale costruisce legami e rispetto che sono inestimabili per avere successo, se vuoi fare un addestramento più avanzato in seguito.

Se non hai mai addestrato un cucciolo, un corso può essere incredibilmente utile per mostrarti come si fa. Tuttavia, non è davvero necessario assumere un tuo addestratore per aiutarti. Il tuo Corgi vuole trascorrere del tempo con te e renderti felice: questo ti dà un vantaggio distinto, quando si tratta di addestramento.

CAPITOLO 13

Comandi di base

Ci sono tantissime cose che puoi insegnare a un Corgi, dal riportarto alle prodezze di Agility: tutto questo addestramento inizia con alcuni semplici comandi attraverso i quali il tuo cucciolo imparerà non solo a eseguire le azioni più basilari e necessarie, ma anche come vivere con te. Una volta che il tuo cucciolo avrà assimilato questi comandi, le possibilità saranno infinite.

Perché la taglia e la personalità li rendono compagni ideali

L'addestramento è essenziale per i Corgi. Sono incredibilmente intelligenti, e questo significa che devono essere addestrati per essere buoni compagni. Quando sono ben addestrati, possono essere tra i migliori compagni canini perché possono viaggiare con te ovunque tu vada. Se un Corgi è ben educato, anche le persone intorno a te apprezzeranno la presenza del tuo cane perché i Corgi sono famosi per essere divertenti ed energici. Tendono ad amare tutti e a voler giocare. Dato che possono venire con te praticamente ovunque, l'addestramento darà rapidamente i suoi frutti mentre tu e il tuo migliore amico condividerete alcune avventure memorabili. Se il tuo Corgi non è addestrato, sarà molto più difficile portarlo in giro perché probabilmente abbaierà troppo e distruggerà cose ovunque andiate.

Scegliere la giusta ricompensa

Uno degli aspetti più interessanti dell'avere un Corgi è determinare la giusta ricompensa. Vuoi mantenere i premietti al minimo, ma questo non dovrebbe essere un problema con un Corgi poiché ci sono molte altre cose che possono motivarlo. I premietti possono essere un buon punto di partenza, ma dovrai passare rapidamente a qualcosa che sia un rinforzo secondario. Lodi, tempo di gioco aggiuntivo e coccole extra sono tutte ricompense fantastiche per i Corgi, dato che tengono molto a come ti senti e reagisci nei loro confronti.

Se cominci a guadagnarti il rispetto del tuo Corgi, anche questo può essere usato per aiutarti ad addestrare il tuo cane. Il rispetto non ci sarà quando partirai con i comandi di base, ma dopo alcune settimane, inizierai a vedere come questo fornisce al tuo Corgi la motivazione per fare ciò che chiedi. Alla fine di ogni sessione, dai al tuo cucciolo attenzioni extra o una bella passeggiata per dimostrare quanto sei soddisfatto dei progressi che ha fatto.

Foto di Kandace Wilkens

Addestramento di successo

L'addestramento riguarda l'apprendimento dei comandi. Se il tuo Corgi impara a rispondere solo alle ricompense (come il cane che si siede non appena hai un premietto in mano), l'addestramento non è stato efficace.

Il rispetto è generalmente la chiave per essere un addestratore di successo. Mentre tu e il tuo Corgi lavorate insieme, il tuo cane arriverà a rispettarti (a patto che tu rimanga coerente e fermo). Non aspettarti rispetto nei primi giorni di addestramento, perché la tua relazione con il cucciolo non si è ancora sviluppata abbastanza ed è troppo giovane per capire. Fortunatamente, quell'intelligenza del Corgi inizierà a manifestarsi presto, rendendo chiaro quando il tuo cucciolo sta iniziando a rispondere alla tua reazione invece che solo alla ricompensa: questo è il momento in cui puoi iniziare a passare a ricompense che sono divertenti, invece di quelle che ruotano attorno a premietti e cibo.

Devi fare in modo che il contatto fisico e le carezze siano parte della ricompensa fin dall'inizio. Presto, il tuo Corgi comincerà a capire che premietti e carezze sono entrambi ricompense: questo renderà più facile passare dai premietti a un sistema di ricompensa più basato sull'attenzione. Inoltre, associare il contatto fisico e le carezze a qualcosa di piacevole incoraggerà il tuo cucciolo a considerare il gioco come una grande ricompensa: non importa quanto ami mangiare, essere intrattenuto e giocare con te sarà una ricompensa gradita poiché per il cucciolo significa che non è solo o annoiato.

Comandi di base

I comandi di base che devi insegnare a un Corgi sono cinque, più uno che probabilmente vorrai iniziare a insegnare al tuo cucciolo già dai primi giorni. Questi comandi sono la base per una relazione felice e piacevole mentre il tuo Corgi impara come comportarsi. Nel momento in cui avrà imparato questi comandi, lo scopo dell'addestramento sarà chiaro per il tuo Corgi. Questo renderà molto più facile insegnargli concetti più complessi.

Dovresti insegnare questi comandi nell'ordine in cui sono elencati. Stare seduti è qualcosa che i cani già fanno; devono solo imparare a farlo su comando. Insegnare a lasciare gli oggetti e come abbaiare meno sono entrambi comandi difficili che vanno contro gli istinti e i desideri del tuo Corgi: richiederanno più tempo degli altri; quindi, è meglio posare prima le basi necessarie per aumentare le tue probabilità di successo.

Ecco alcune linee guida di base da seguire durante l'addestramento.

- Tutti in casa dovrebbero partecipare all'addestramento del Corgi perché deve imparare ad ascoltare tutti, non solo una o due persone.
- Per iniziare, scegli un'area dove tu e il tuo cucciolo non avete distrazioni, incluso il rumore. Lascia il telefono e altri dispositivi fuori portata in modo da mantenere l'attenzione sul cucciolo.
- Sii allegro ed entusiasta durante l'addestramento: il tuo cucciolo percepirà il tuo entusiasmo e si concentrerà meglio.
- Inizia a insegnare "seduto" quando il tuo cucciolo ha circa otto settimane.
- Sii coerente mentre insegni.
- Porta un premietto speciale alle prime sessioni di addestramento, come del pollo o del formaggio.

Una volta che sei preparato, puoi iniziare a lavorare e creare un legame con il tuo adorabile piccolo Corgi.

Seduto

Una volta sistemati nel tranquillo luogo di addestramento designato con il premietto speciale, inizia l'addestramento. È relativamente facile insegnare questo comando. Aspetta fino a quando il tuo cucciolo inizia a sedersi e dì seduto allo stesso tempo. Se il tuo cucciolo finisce di sedersi, inizia a lodarlo. Naturalmente, questo renderà il tuo cucciolo incredibilmente eccitato e irrequieto; quindi, potrebbe volerci un po' prima che voglia sedersi di nuovo. Quando arriva il momento e il cucciolo inizia a sedersi di nuovo, ripeti il processo.

Foto di Jessica Burleski

Ci vorranno più di un paio di sessioni perché il cucciolo colleghi completamente le tue parole con le sue azioni. In effetti, potrebbe volerci poco più di una settimana per capirlo. I Corgi sono intelligenti, ma a questa età c'è ancora così tanto da imparare che il cucciolo avrà difficoltà a concentrarsi. I comandi sono qualcosa di completamente nuovo; tuttavia, una volta che il tuo cucciolo avrà compreso la tua intenzione e avrà padroneggiato "seduto", gli altri comandi saranno più facili da insegnare.

Una volta che il tuo cucciolo ha dimostrato di padroneggiare seduto, è il momento di iniziare a insegnare "a terra".

A terra

Ripeti lo stesso processo per insegnare questo comando come hai fatto per "seduto". Aspetta fino a quando il cucciolo inizia a sdraiarsi, poi dì la parola. Se il Corgi completa l'azione, offri la ricompensa scelta.

Probabilmente ci vorrà un po' meno tempo per insegnare questo comando, una volta iniziato l'addestramento.

Aspetta fino a quando il tuo cucciolo ha padroneggiato terra, prima di passare a "resta".

Resta

Questo comando sarà più difficile, poiché non è qualcosa che il tuo cucciolo fa naturalmente. Sii preparato a impiegare un po' più di tempo per addestrare il tuo cucciolo su questo comando. È anche importante che il tuo cane si sieda e si sdrai costantemente su comando, prima di iniziare a insegnargli "resta".

Scegli se usare il comando "seduto" o "a terra" per iniziare, poi sii coerente. Una volta che il tuo cane capisce "resta" per una posizione, puoi addestrarlo a restare fermo nell'altra. Assicurati solo che la prima posizione sia padroneggiata prima di provare la seconda.

Dai al tuo cucciolo il comando "seduto" o "a terra". Mentre lo fai, metti la mano davanti al viso del cucciolo. Aspetta fino a quando il cucciolo smette di cercare di leccarti prima di continuare.

Quando il cucciolo si calma, fai un passo indietro. Se il tuo cucciolo non si muove, dì "resta" e dai al cucciolo il premietto e qualche lode per essere rimasto fermo.

Dare la ricompensa al tuo cucciolo indica che il comando è finito, ma il cucciolo deve anche imparare a restare fino a quando non dici che va bene lasciare il posto. Una volta che dai il via libera per muoversi, non dare premietti. "Vieni" non dovrebbe essere usato come parola di via libera poiché è un comando che useremo per un'altra azione.

Ripeti i passaggi, allontanandoti di più dal cucciolo dopo un comando riuscito.

Una volta che il tuo cucciolo capisce "resta" quando ti allontani, inizia ad addestrarlo a restare anche se non ti stai muovendo. Prolunga il tem-

*Foto di
Jessi Hall*

po che il cucciolo deve trascorrere in un posto fino a quando non comprende che il comando "resta" termina con il segnale di via libera.

Quando senti che il tuo cucciolo ha padroneggiato "resta", inizia ad addestrare il cucciolo a "vieni".

Vieni

Questo è l'ultimo della serie di comandi poiché non puoi insegnarlo finché il cucciolo non ha imparato i comandi precedenti.

Prima di iniziare, decidi se vuoi usare "vieni" o "qui" per il comando. Dovrai essere coerente nelle parole che usi, quindi assicurati di pianificare in modo che tu (e gli altri membri della famiglia) usiate intenzionalmente il comando giusto ogni volta.

Metti il guinzaglio al cucciolo.

Dì al cucciolo di restare. Allontanati dal cucciolo.

Dì il comando che userai per "vieni" e dai un leggero strattone al guinzaglio verso di te. Se non hai usato lo stesso termine per indicare che il comando "resta" era finito, il tuo cucciolo inizierà a capire lo scopo del tuo nuovo comando, ma se hai già usato il termine per indicare la fine di "resta", confonderai il tuo cucciolo perché lo assocerà al comando che gli indica che può muoversi liberamente.

Ripeti questi passaggi, aumentando la distanza tra te e il cucciolo. Una volta che il cucciolo sembra capire il comando, rimuovi il guinzaglio e ricomincia da una distanza ravvicinata. Se il tuo cucciolo non sembra capire il comando, dagli alcuni indizi visivi su ciò che vuoi; ad esempio, puoi battere la gamba o schioccare le dita. Non appena il tuo cucciolo viene da te, offri una ricompensa.

Lascia

Questo sarà uno dei comandi più difficili che insegnerai al tuo cucciolo perché va contro sia gli istinti del Corgi che i suoi interessi. Il tuo cucciolo vuole tenersi qualunque cosa abbia conquistato, quindi dovrai offrirgli qualcosa di meglio. È essenziale presto questo comando, però, poiché il tuo Corgi sarà molto distruttivo nei primi giorni. Vuoi attivare il meccanismo per convincere il cucciolo a lasciare le cose.

Potresti dover iniziare a insegnare questo comando fuori dall'area di addestramento, poiché ha un punto di partenza diverso.

Inizia quando hai tempo da dedicare alla lezione. Devi aspettare fino a quando il cucciolo ha qualcosa in bocca da lasciare. I giocattoli sono di solito l'opzione migliore. Offri al cucciolo un premietto speciale. Mentre il Corgi lascia cadere il giocattolo, dì "lascia" e consegna il premietto.

Questo sarà uno di quei rari momenti in cui dovrai necessariamente usare un premietto alimentare, perché il tuo cucciolo vorrà qualcosa di convincente per decidere di lasciare il giocattolo. Per ora, il tuo cucciolo ha bisogno dell'incentivo di qualcosa di più allettante di ciò che ha già per imparare il comando.

Questo sarà uno dei due comandi che richiederanno più tempo per essere insegnati (l'altro è "silenzio"). Sii preparato a essere paziente con il tuo cucciolo. Una volta che il tuo cucciolo capisce le basi del comando, inizia a insegnargli "lascia" anche quando ha del cibo in bocca. Questo è incredibilmente importante, perché potrebbe salvare la vita del tuo Corgi: è probabile che si lanci verso cose che sembrano cibo quando siete fuori per una passeggiata e, essendo così vicino a terra, probabilmente vedrà molte cose simili al cibo molto prima di te. Questo comando gli insegna a lasciare qualunque cosa stia masticando prima di ingerirla.

Silenzio

All'inizio, puoi usare i premietti con parsimonia per rinforzare il comando "silenzio". Se il tuo cucciolo sta abbaiando senza motivo apparente, dì al cucciolo "silenzio" e metti un premietto davanti a lui. È quasi garantito che il cane tacerà per annusare il premietto, nel qual caso, dì "silenzio" o "zitto". Non ci vorrà molto tempo perché il tuo cucciolo capisca che "silenzio" significa non abbaiare. Tuttavia, potrebbe volerci un po' prima che il tuo cucciolo impari a combattere l'impulso di abbaiare: sii paziente con il tuo cucciolo, perché è difficile smettere di fare qualcosa che è nella sua natura. Quanto tempo ci hai messo tu per imparare ad alzarti presto la mattina o ad andare a letto a una certa ora? Per un Corgi, imparare a non abbaiare è un'impresa simile.

Addestramento successivo

Questi sono tutti i comandi di base di cui probabilmente avrai veramente bisogno con il tuo Corgi; tuttavia, se vuoi che il tuo Corgi impari dei trucchi, l'unico limite è la tua fantasia. Questi comandi sono solo la base dell'addestramento; i Corgi sono capaci di imparare molto di più. Assicurati solo che i trucchi che insegni non siano troppo stressanti per il tuo cucciolo. Man mano che il tuo cucciolo cresce, puoi iniziare a insegnare trucchi che evidenziano la sua agilità. "Riporta" e altri trucchi interattivi saranno l'ideale per la natura intelligente e giocherellona del tuo Corgi.

CAPITOLO 14

Alimentazione

Così come la tua alimentazione è importante, ciò che mangia il tuo Corgi gioca un ruolo fondamentale nella sua salute ed energia. Con i Corgi, devi fare particolare attenzione perché sono cani estremamente agili e intelligenti: devi assicurarti che il tuo Corgi non possa accedere a cibi che non intendi dargli (e questi si trovano in molti più posti di quanti tu possa immaginare).

Mentre ti assicuri che non mangi ciò che non dovrebbe, devi anche garantire al tuo Corgi una dieta equilibrata che gli permetterà di rimanere felice ed energico fino alla sua età d'oro.

Foto di Liza Gagne

Perché una dieta sana è importante

I Corgi sono una razza relativamente energica (soprattutto considerando la loro taglia). La loro piccola statura può rendere più facile farli esercitare rispetto a molti cani da lavoro di taglia più grande, ma richiedono comunque molta più attività del cane medio. Data la vita frenetica che conduciamo, potrebbe essere difficile uscire e far esercitare il tuo Corgi ogni giorno. Una dieta sana ed equilibrata è essenziale per garantire che il tuo cane non inizi ad accumulare peso in eccesso, cosa che sarebbe molto dannosa per la sua salute.

Devi essere consapevole delle abitudini alimentari del tuo Corgi e assicurarti che il cibo che consuma faccia parte di una dieta equilibrata (con qualche premio occasionale). Presta attenzione al contenuto calorico del cibo che acquisti o prepari e assicurati che tutte le vitamine e i nutrienti più importanti facciano parte della dieta regolare del tuo Corgi.

Cibo commerciale

Il cibo per cani commerciale presenta notevoli difetti: essendo un alimento completamente processato, non sarà salutare per il tuo Corgi quanto il cibo che prepari tu stesso. Il tuo cane non sarà nemmeno in grado di assimilare tutti i nutrienti presenti nel cibo commerciale. Tuttavia, molte persone non hanno tempo sufficiente per preparare cibo adeguato nemmeno per se stesse – cucinare anche per il proprio cane può sembrare un'aggiunta impossibile ai compiti della giornata.

Se leggi l'etichetta e acquisti uno dei cibi per cani premium in commercio, puoi dare al tuo Corgi un'alimentazione che si avvicina maggiormente alle sue esigenze. Puoi aggiungere qualche extra alla dieta commerciale quotidiana del tuo cane per integrare eventuali nutrienti che ritieni manchino. Anche un po' di cibo fatto in casa ogni giorno sarà un'aggiunta incredibilmente gradita per il tuo Corgi.

Preparare il cibo a casa

Il cibo fatto in casa potrebbe richiederti cinque o dieci minuti in più al giorno, ma alla fine ne vale la pena. Puoi persino prepararlo con gli stessi ingredienti che usi quando cucini per te. Sebbene le esigenze alimentari del tuo Corgi siano diverse dalle tue, puoi mescolare parte del tuo cibo con quello del tuo Corgi (tenendo presente di non aggiungere alimenti potenzialmente letali per il tuo cane – rivedi il Capitolo 5 per l'elenco di ciò che non dovresti dare al tuo Corgi).

Foto di
Dawn Blanchard

Anche se non vuoi nutrire il tuo cane prima di mangiare tu (l'alfa del branco mangia sempre per primo), puoi lasciare il cibo sul bancone o sul fornello a sobbollire, per poi nutrire il tuo cucciolo quando hai finito. I migliori pasti fatti in casa devono essere pianificati in modo da sapere che il tuo cane sta assumendo i nutrienti giusti.

In genere, il 50 per cento del cibo del tuo cane dovrebbe essere costituito da proteine animali, come pesce grasso, pollame e frattaglie. Un quarto del cibo dovrebbe contenere carboidrati complessi, mentre il restante quarto dovrebbe essere composto da verdure e frutta. Zucca, mele, banane e fagiolini sono alimenti eccellenti per i cani che hanno anche un odore che il tuo Corgi probabilmente adorerà. Possono anche aiutare il tuo cane a sentirsi sazio più velocemente, riducendo la probabilità che mangi troppo.

Cibo per cuccioli vs. cibo per persone

Se hai intenzione di prendere (o hai già) un cucciolo di Corgi, ma sai che non avrai tempo per cucinare, assicurati di acquistare cibo specifico per cuccioli. Non dare al cucciolo cibo per persone pensando che per ora andrà bene, perché non sarà così: il tuo Corgi penserà di dover ricevere cibo dal tuo piatto o dalla cucina e probabilmente in seguito rifiuterà di mangiare cibo per cani; un terribile precedente da stabilire quando il tuo cane è giovane.

È meglio preparare il cibo per il tuo cucciolo, se puoi. Il suo corpo ha esigenze speciali durante la crescita, e i primi mesi sono particolarmente critici. Se puoi preparare il cibo del tuo cucciolo per il primo anno circa, per poi passare al cibo commerciale per cani, sarà molto vantaggioso sia per il tuo Corgi che per il tuo portafoglio.

Dieta, esercizio fisico e obesità

I cani non seguono diete come le persone. Devi stabilire un programma regolare di alimentazione e attenerti a esso. Se rendi premi e spuntini una parte regolare della dieta del tuo Corgi, puoi star certo che il tuo Corgi se li aspetterà ogni giorno. È un'abitudine terribile da instaurare con qualsiasi cane, ma è particolarmente pericolosa per i Corgi.

Invece di dare premi al tuo cane, dedica un po' più di tempo a mostrargli affetto. Quando ti siedi a guardare la TV, lascia che il tuo Corgi si sieda accanto a te (se hai una politica di "niente cani sul divano", siediti sul pavimento con il tuo Corgi). Esci e lancia una palla al tuo Corgi. Fai una passeggiata in più.

Il tuo Corgi ha bisogno di una dieta equilibrata e di frequente esercizio fisico. Questo non è solo più sano per il tuo Corgi, è meglio anche per te. Senza abbastanza esercizio, il tuo cane sarà incline a diventare obeso, e questo sarà un problema serio più avanti nella sua vita. Abituati a usare l'esercizio e il gioco come sistema di ricompensa invece dei premi: questa strategia produrrà risultati molto migliori per entrambi.

Alimentazione eccessiva e giusto fabbisogno calorico

Devi fare molta attenzione al peso del tuo Corgi, soprattutto quando il tuo cucciolo diventa adulto. I Corgi amano mangiare, quindi sarai tentato di dar loro del cibo di tanto in tanto. Tuttavia, questo non è un premio per il tuo Corgi – è un pericolo. È meglio mantenere il tuo cane su una dieta sana.

Puoi controllare regolarmente il peso del tuo Corgi per assicurarti che non sia fuori controllo. Poiché i Corgi sono piccoli, puoi usare la tua bilancia per pesarli. Solleva delicatamente il tuo Corgi e sali sulla bilancia; sottrai il tuo peso, e quello che rimane è il peso del tuo Corgi. Sii onesto riguardo al tuo peso però – non attribuire al tuo cane il peso in eccesso che è in realtà tuo!

Contare le calorie può richiedere tempo, ma dovresti avere un'idea di quante calorie il tuo cane consuma ogni giorno.

*Foto di
Cindy Duwe*

Toelettatura, un legame produttivo

Una delle cose che le persone amano dei Corgi (oltre alla loro fantastica personalità e alla disponibilità a provare nuove avventure) è quanto sia facile prendersi cura del loro pelo. Nel corso dei secoli, il loro mantello è diventato essenzialmente resistente allo sporco, rendendo la toelettatura incredibilmente semplice.

Tuttavia, perdono pelo in modo abbondante. Anche se il loro mantello richiede pochissima attenzione, se non vuoi cumuli di pelo di Corgi che vagano per casa, dovrai includere una toelettatura regolare nella tua routine.

Considera la toelettatura come un modo per creare un legame con il tuo Corgi: avrai l'opportunità di trascorrere del tempo extra accarezzando e maneggiando il tuo cane, rafforzando il tuo status di capobranco e riducendo il tuo livello di stress.

Ci sono alcuni altri consigli di toelettatura che dovresti conoscere per prenderti cura correttamente del tuo dolce cagnolino fino agli anni d'oro.

Gestire il mantello del tuo Corgi

Spazzolare il tuo Corgi può essere un ottimo modo per creare un legame con il tuo cane e passare del tempo insieme. Il tuo cane adorerà l'attenzione regolare, mentre tu potrai goderti un po' di tempo per stare semplicemente con lui. Poiché i Corgi sono così piccoli, non dovrai dedicare più di qualche minuto alla spazzolatura.

Cuccioli

I cuccioli richiederanno un po' più di tempo per essere spazzolati perché difficilmente staranno fermi: vorranno giocare, mordicchiare e fare praticamente qualsiasi altra cosa. È piuttosto adorabile, anche se spazzolare il tuo Corgi ogni settimana significherà dedicare più tempo a questa attività di quanto inizialmente avresti pensato. Puoi spazzolare il tuo cucciolo quando è troppo stanco per fare danni o usare questo momento come parte dell'addestramento per insegnare al tuo Corgi come resta-

*Foto di
Betsy Ellsworth*

re calmo. Fai attenzione a non incoraggiare comportamenti esuberanti durante la spazzolatura, perché sarà difficile insegnare al tuo Corgi adulto che questo non è un comportamento accettabile.

Età adulta

È meglio spazzolare il tuo Corgi almeno una volta alla settimana per mantenere al minimo la perdita di pelo. Durante primavera ed estate, quando il tuo Corgi perde più pelo del solito, potresti voler aumentare la frequenza a tre o quattro volte a settimana.

Dovresti fare il bagno al tuo Corgi solo circa una volta a trimestre (o persino due volte all'anno). Hanno oli speciali nel pelo che tengono lontano lo sporco, e se fai il bagno al tuo Corgi troppo spesso, rimuoverai questi oli. A meno che il tuo Corgi non si rotoli in qualcosa in cui non dovrebbe, un bagno occasionale dovrebbe essere sufficiente per mantenere pulito il tuo affettuoso cagnolino.

Il bagno: attenzione alle orecchie e agli shampoo

I bagni non saranno un compito frequente, il che è ottimo considerando che probabilmente al tuo cane non piaceranno. Assicurati di usare uno shampoo sicuro per il tuo Corgi e, Indipendentemente dal tipo di shampoo che usi, non lasciare che entri nelle orecchie del tuo Corgi.

Dovresti approfittare di questo momento per controllare le orecchie del tuo Corgi per eventuali infezioni, oltre ad assicurarti che le orecchie siano ancora asciutte dopo il bagno. Sarà un po' complicato, quindi fai attenzione.

Se dell'acqua entra nelle orecchie del tuo Corgi, devi controllarle per diversi giorni dopo il bagno per assicurarti che non si infettino.

Tagliare le unghie

Questo sarà probabilmente il compito che ti causerà più problemi, ma se il tuo Corgi ti rispetta, non sarà troppo difficile insegnargli a stare fermo per il taglio delle unghie.

Probabilmente dovrai tagliare le unghie del cucciolo una volta alla settimana. Finché il tuo Corgi è un cucciolo, non camminerà o correrà su superfici dure così spesso, quindi le sue unghie non si consumeranno naturalmente.

Per gli adulti, pianifica di controllare le unghie mensilmente. Se le unghie si stanno consumando naturalmente (camminando su cemento e altre superfici dure all'esterno), non avrai bisogno di tagliarle.

Spazzolare i denti

Dovresti spazzolare i denti del tuo Corgi circa una volta al mese, da quando è ancora cucciolo fino agli anni d'oro. Questo non solo aiuta a mantenere i denti del tuo cane puliti e sani, ma favorisce anche un alito più fresco. Se noti che placca e tartaro si accumulano rapidamente, puoi aumentare la frequenza con cui spazzoli i denti del tuo cane.

Foto di
Cherie Doyle

Pulire orecchie e occhi

Dovrai prestare particolare attenzione alle orecchie del tuo Corgi. Almeno una volta al mese, dovresti controllare le orecchie del tuo cane per l'accumulo di cerume, infezioni o altri potenziali problemi. Usa un batuffolo di cotone con un detergente approvato dal tuo veterinario per pulire delicatamente le orecchie, ma non cercare mai di andare in profondità.

Non usare mai i cotton fioc nelle orecchie del tuo Corgi per evitare danni al condotto uditivo.

I Corgi non tendono ad avere molti problemi con gli occhi, ma dovresti comunque assicurarti che il tuo Corgi non abbia molto sporco intorno a quell'area dopo un'avventura all'aperto. Se sembra che dello sporco sia entrato negli occhi del tuo cane, puoi usare un collirio approvato dal tuo veterinario. Di solito, se il pelo del tuo cane è coperto di sporcizia, dovresti controllare per assicurarti che sporco e fango non siano entrati nei suoi occhi.

CAPITOLO 16

Cure sanitarie di base

I Corgi sono molto amati per la loro piccola statura e il loro fantastico carattere, ma una delle caratteristiche che li rende cani da lavoro così efficaci è la loro costituzione robusta, resistente e sana. Finché ti prenderai cura del tuo Corgi, avrai un compagno per molti anni a venire. Devi però fare attenzione, perché è probabile che il tuo Corgi non si renda conto di aver subito un infortunio perché troppo concentrato sul vivere avventure e godersi il tempo con te.

Oltre ad assicurarti che il tuo Corgi non si sforzi troppo, devi occuparti di alcune cure preventive di base per garantire che il tuo cane non abbia problemi facilmente prevenibili. Molti di questi trattamenti e preoccupazioni sono universali nel mondo canino, quindi se hai altri cani, probabilmente conoscerai già la maggior parte di questi consigli. Considera questo capitolo come un promemoria per continuare a prenderti cura

Foto di
Elizabeth Schiavello

del tuo Corgi, assicurandoti di includere i trattamenti e il monitoraggio nel tuo budget.

Pulci e zecche

I Corgi amano essere attivi e, anche uscite spesso senza andare in zone note per la presenza di pulci e zecche, è sempre meglio essere prudenti e controllare il tuo cane dopo un'uscita. Se il tuo Corgi ama scorrazzare nell'erba alta o nei boschi, devi assolutamente assicurarti che non ci siano interruzioni nei trattamenti preventivi.

Dato che non farai il bagno al tuo Corgi frequentemente, dovrai controllarlo manualmente per individuare eventuali zecche dopo passeggiate in boschi o aree analoghe. Assicurati di fare la spazzolatura settimanale dopo aver attraversato luoghi dove il tuo Corgi potrebbe aver raccolto zecche. Passa il pettine sul tuo Corgi, cercando zecche nel pelo e attaccate alla pelle. Poiché spazzolerai il tuo cane regolarmente, i rigonfiamenti e altri potenziali segni di zecche saranno più facili da individuare. Inoltre, dato che il tuo Corgi è relativamente piccolo, non dovrebbe volerci troppo tempo per completare l'intero processo.

Le pulci saranno un po' più difficili da notare. Il modo migliore per cercarle è condurre un controllo di routine, ad esempio durante la spazzolatura settimanale. Se noti che il tuo Corgi si gratta più del normale, puoi iniziare a cercare le pulci nel suo pelo.

Anche se non vai in zone che potrebbero avere zecche, la posizione bassa del Corgi rende probabile che almeno le pulci siano una mi-

Foto di
Cherie Doyle

123

naccia costante, poiché possono trovarsi nei prati e in altri spazi verdi curati. Se scopri che il tuo cane ha le pulci, potresti dover passare a un diverso prodotto preventivo antipulci.

Se preferisci un approccio più naturale per gestire pulci e zecche, dovrai dedicare qualche ora alla ricerca di alternative. Non dovresti aumentare il numero di bagni che fa il tuo Corgi; quindi, dovrai assicurarti che il lavaggio regolare non faccia parte del rimedio naturale da te scelto. Devi anche verificare che il prodotto sia efficace prima di acquistarlo o prepararlo.

Dovrai trattare il tuo Corgi mensilmente. Crea un promemoria sul tuo telefono o altro dispositivo in modo da non dimenticare uno dei trattamenti.

Vermi e parassiti

Anche se i vermi e altri parassiti meno comuni non sono generalmente un problema, è comunque importante assicurarti che il tuo Corgi abbia poche possibilità di contrarli. Ci sono molti tipi di vermi che potrebbero diventare un problema:

- Filariosi cardiaca
- Anchilostomi
- Ascaridi
- Tenie
- Tricocefali

Molti dei sintomi di questi parassiti sono difficili da identificare, almeno nelle prime fasi. Se il tuo cane mostra uno qualsiasi dei seguenti segni, fissa un appuntamento con il tuo veterinario per far controllare il tuo cane per uno dei diversi parassiti meno comuni.

- Il tuo Corgi è inaspettatamente letargico.
- Chiazze di pelo iniziano a cadere (questo sarà evidente se spazzoli regolarmente il tuo Corgi) o noti spazi irregolari nel mantello del tuo cane.
- Lo stomaco del tuo Corgi diventa disteso (si espande e sembra una pancia gonfia). Se questo accade, fissa immediatamente un appuntamento per farlo controllare.
- Il tuo cane inizia a tossire, vomitare, ha diarrea o perdita di appetito.

Uno qualsiasi di questi sintomi può essere incredibilmente rivelatore in questa razza ad alta energia; quindi, fissa un appuntamento non appena noti uno qualsiasi di questi cambiamenti per eliminare il problema e far tornare il tuo Corgi a essere il cane sano che desideri.

Se il tuo veterinario diagnostica al tuo Corgi anchilostomi o ascaridi, dovrai fissare un appuntamento con il tuo medico per te stesso: entrambi questi vermi possono essere contratti attraverso il contatto con la pelle, quindi se il tuo cane ne ha uno, è molto probabile che ce l'abbia anche tu. Dovrai essere trattato per assicurarti di non subire danni e far sì che tu e il tuo cane non continuiate a infettarvi nella vostra casa.

La filariosi cardiaca è qualcosa che dovresti cercare attivamente di prevenire, essendo un parassita potenzialmente mortale: in commercio ci sono medicine che assicureranno che il tuo cane non la contragga.

Vantaggi dei veterinari

Dovresti visitare il veterinario annualmente per controlli e vaccini. Proprio come le persone hanno visite annuali, i cani devono essere visti regolarmente.

Poiché è un cane ad alta energia, è probabile che noterai subito eventuali problemi con il tuo Corgi, ma non è garantito. Le visite annuali assicureranno che non ci sia qualcosa che agisce lentamente, indebolendo il tuo cane. I Corgi sono anche meno propensi, rispetto ad altri cani, a mostrare quando sono feriti: un veterinario può identificare quando un Corgi sta facendo troppo o ha un infortunio che il Corgi semplicemente non ha notato. Dopotutto, se il tuo Corgi sa che gli infortuni significano meno avventure e passeggiate, è probabile che nasconda o ignori un infortunio piuttosto che perdere l'opportunità di trascorrere del tempo con te.

I controlli sanitari sono utili anche per assicurarsi che il tuo cane stia invecchiando bene. Se durante l'invecchiamento del tuo cane si manifestano sintomi precoci di qualcosa che non va (come l'artrite), sarai in grado di iniziare a fare gli aggiustamenti necessari. Il veterinario può aiutarti a trovare nuovi modi per gestire la salute del tuo Corgi in modo da non dover ridurre il tempo che trascorrerete insieme. Potresti dover iniziare a fare passeggiate più brevi e più frequenti, passare un po' più di tempo a giocare a casa o fare escursioni su sentieri più facili. Alla fine, ne vale la pena per poter mantenere il tuo Corgi in forma il più a lungo possibile.

Alternative olistiche

È comprensibile che molte persone stiano cercando un approccio più olistico per prendersi cura dei loro animali domestici; tuttavia, dovresti dedicare un bel po' di tempo alla ricerca per assicurarti di non correre rischi inutili. Le medicine olistiche non verificate possono essere una perdita di tempo e denaro nel migliore dei casi, e potenzialmente pericolose nel peggiore.

Se desideri utilizzare un medicinale olistico sul tuo Corgi, chiedi l'opinione del tuo veterinario e consulta diversi altri esperti di Corgi per vedere quale sia l'opinione generale prima di iniziare. Conduci la tua ricerca online su siti neutrali e leggi cosa hanno detto gli scienziati sul medicinale: è possibile che i prodotti che acquisti in un negozio siano in realtà migliori di alcuni dei medicinali venduti come olistici.

Assicurati di essere accurato e di non correre rischi inutili con il tuo Corgi.

Vaccinare il tuo Corgi

I Corgi hanno lo stesso calendario di vaccinazione della maggior parte delle altre razze.

I primi vaccini sono richiesti tra le sei e le otto settimane dopo la nascita del Corgi. Dovresti informarti dall'allevatore se questi sono stati fatti e ottenere i registri dei vaccini:

- Cimurro
- Epatite
- Leptospirosi
- Parainfluenza
- Parvovirosi

Questi vaccini devono essere somministrati nuovamente tra le 10 e le 12 settimane di età, e poi insieme al primo vaccino antirabbico tra le 14 e le 15 settimane di età.

Il tuo cane dovrà fare questi vaccini (incluso il vaccino antirabbico) ogni anno; dopo di che, se hai intenzione di utilizzare il tuo Corgi come cane da fattoria o per altri lavori faticosi, avrà bisogno di altri vaccini. Consulta il tuo veterinario per vedere di cos'altro avrà bisogno il tuo Corgi in base al tipo di lavoro che svolgerà e assicurati di ottenere il programma per il richiamo di questi vaccini.

Problemi di salute

Tutti i cani di razza pura, inclusi i Corgi, possono avere malattie e problemi genetici che richiedono un attento monitoraggio. Indipendentemente da come hai trovato il tuo peloso membro della famiglia, puoi tenere sotto controllo il tuo Corgi per individuare segni e sintomi relativi alle malattie genetiche comuni nei Corgi. Se il tuo cane inizia a mostrare segni o sintomi di una di queste malattie, fissa un appuntamento con il tuo veterinario per far controllare il tuo Corgi.

Se parti con un cucciolo, ci sono molte cose che puoi fare per garantire la salute del tuo cane. L'allevatore dovrebbe avere i documenti sanitari relativi ai vaccini e ai test richiesti. Tutti i dettagli sulle malattie genetiche e comuni dei Corgi sono nel Capitolo 4. Conoscere la salute dei genitori è uno dei modi migliori per sapere quanto sarà sano il tuo Corgi, ma nessuna razza è perfetta o priva di problemi, indipendentemente da quan-

Foto di
Jennifer Durward

to siano sani i genitori. Se i genitori del tuo Corgi provengono da una linea in cui erano presenti alcune di queste malattie, esiste la possibilità che anche il tuo cane avrà questi problemi, anche se i suoi genitori non li hanno manifestati. Dovresti essere consapevole di questi problemi in modo da poter tenere d'occhio il tuo Corgi durante la sua crescita.

I Corgi sono una razza relativamente sana, specialmente considerando la loro storia così lunga.

Dove puoi sbagliare

Qualsiasi cane di razza pura deve essere testato per problemi genetici, perché questo ti permette di sapere cosa dovresti tenere sotto controllo e cosa puoi fare se il tuo cane inizia a presentare problemi genetici. Dovresti sempre essere consapevole di questi potenziali problemi in modo da poter prenderti cura del tuo Corgi al meglio.

Dieta

La cosa più semplice che puoi fare per il tuo Corgi, probabilmente, è assicurarti che segua sempre una dieta sana ed equilibrata e faccia molto esercizio fisico. A causa della loro piccola statura, i Corgi non possono sopportare molto peso extra sui loro corpi.

Solo perché il tuo Corgi sta aumentando di peso, non significa che il problema sia legato all'alimentazione: l'ipotiroidismo è un altro problema che potrebbe causare l'aumento di peso del tuo cane. Se il tuo Corgi sta aumentando di peso e sei certo che il fenomeno non è legato all'alimentazione, dovresti portarlo dal veterinario per vedere se questo è il problema. La letargia è un'altra indicazione dell'ipotiroidismo.

Se garantisci al tuo cane una dieta sana (con solo rare eccezioni o premietti), sarà più facile determinare se l'ipotiroidismo è il problema, e non un'eccessiva assunzione di cibo.

Esercizio

I Corgi amano muoversi, cosa che potresti dimenticare dato che amano anche semplicemente stare con te. Se preferisci uno stile di vita sedentario, un Corgi non è un buon cane per te: infatti, richiedono diverse passeggiate al giorno (o un paio di passeggiate molto lunghe). Non richiederanno tanta attività quanto i cani da lavoro più grandi (specialmente cani come Husky, Dalmata e Australian Cattle Dog, ma richiedono comunque più esercizio di quasi tutti gli altri cani della loro taglia). I Corgi saranno anche essere una razza bassa, ma sono pieni di energia.

Se il tuo Corgi è ancora distruttivo dopo gli anni da cucciolo, probabilmente significa che non lo stai facendo esercitare abbastanza. Trova più tempo per uscire e camminare, partecipare a eventi per Corgi, andare in aree cani o fare escursioni: il tuo Corgi sarà molto più felice e perderai meno cose a causa della sua noia distruttiva.

Tuttavia, il motivo più importante per far fare esercizio a sufficienza al tuo Corgi è che un Corgi sedentario è più propenso ad aumentare di peso, un problema che la loro struttura fisica non può davvero sopportare.

Importanza dell'allevatore per garantire la salute del tuo Corgi

Poiché i Corgi hanno una storia così lunga, ci sono molti aspetti che gli allevatori dovrebbero già conoscere su come prendersi cura dei loro cuccioli nel modo giusto. Questo include i test genetici: se lavori con un allevatore che fa parte di una delle organizzazioni di Corgi (sia Pembroke che Cardigan), è tenuto a essere onesto e chiaro sui potenziali problemi di salute del cane. La storia della razza è ben documentata, quindi nessuna malattia genetica dovrebbe essere una sorpresa per i nuovi proprietari di Corgi.

Se l'allevatore non può fornirti una garanzia di salute per il tuo cucciolo di Corgi, non acquistare un cucciolo da quell'allevatore. Se un allevatore dice che un cucciolo o una cucciolata deve essere tenuta in un luogo isolato per motivi di salute, non lavorare con quell'allevatore.

Chiedi all'allevatore di parlarti della storia dei genitori, dei tipi di problemi di salute che ci sono stati nella famiglia, e di eventuali problemi passati con qualche malattia in particolare. Se l'allevatore ti dà solo risposte brevi o vaghe, questo è un segnale che potresti ottenere un Corgi che avrà seri problemi di salute in seguito.

Lavora con un allevatore che si prende il tempo di parlare dei problemi e delle questioni di salute, che può darti una storia dettagliata dei genitori e delle cucciolate precedenti e che sia disposto a rispondere alle tue domande.

Malattie e condizioni comuni

I Corgi hanno alcune malattie comuni che dovresti conoscere prima di portare a casa il tuo cucciolo:

- Displasia dell'anca
- Displasia retinica e membrane pupillari
- Atrofia retinica progressiva (PRA)
- Ipotiroidismo

- Criptorchidismo

- Epilessia

- Problemi riproduttivi

- Mielopatia degenerativa (i test aiuteranno a rilevare questo problema genetico debilitante e incurabile)

- Malattia del disco intervertebrale (IVDD), associata alla loro schiena lunga

- Malattia di von Willebrand (un problema di coagulazione del sangue)

  I Cardigan possono avere anche i seguenti disturbi:

- Cataratta, glaucoma, lussazione del cristallino e anomalie delle ciglia

- Allergie

- Deficit di immunoglobuline (un disturbo raro ma grave del sistema immunitario)

Molte di queste condizioni dovrebbero essere testate prima di portare a casa il tuo cucciolo. Se porti a casa un cane più anziano e non puoi ottenere la documentazione sanitaria per il tuo nuovo membro della famiglia, puoi portarlo dal veterinario per effettuare i test. Visite regolari dal veterinario ti aiuteranno a rilevare eventuali disturbi non

*Foto di
Elizabeth Schiavello*

genetici, come problemi derivanti dalla loro schiena lunga. Il tuo veterinario può anche farti sapere quando stai sovralimentando il tuo cane o quando il peso sta diventando una preoccupazione (dato che è spesso difficile notare questi tipi di problemi da soli).

Prevenzione e monitoraggio

A parte i problemi genetici (di cui dovresti informarti riferendoti all'allevatore e alla storia veterinaria del cucciolo), il problema più grande che i Corgi affrontano è l'obesità. Amano mangiare e sono abbastanza intelligenti da trovare modi per arrivare al cibo che tu non considereresti mai: assicurarti che non possa accedere al tuo cibo è una delle cose migliori che puoi fare per il tuo Corgi. Portarlo fuori per un regolare esercizio intenso (o frequente) è un'altra.

Monitora il tuo Corgi per altri potenziali problemi, poiché il tuo cane probabilmente non li manifesterà per paura che interferiscano con il divertimento. Osserva il tuo Corgi per segni di malattia del disco intervertebrale, una condizione che indica che uno dei dischi spinali del tuo cane si è rotto o sta sporgendo. Chiedi al tuo veterinario quali sintomi potrebbero indicare la presenza di questo problema (comune in tutti i cani bassi con la schiena lunga). Se il tuo Corgi mostra qualsiasi segno di un problema al disco, portalo immediatamente dal veterinario. Spesso il riposo in gabbia e farmaci leggeri risolveranno i primi segni; tuttavia, se la situazione fosse più grave, potrebbe essere necessario un intervento chirurgico.

CAPITOLO 18

Il tuo Corgi che invecchia

I Corgi hanno un'aspettativa di vita media tra gli undici e i tredici anni, offrendoti più di un decennio con il tuo straordinario compagno. Una volta raggiunti i nove anni di età, il tuo Corgi è considerato un cane anziano. Man mano che il tuo Corgi invecchia, dovrai iniziare a fare degli aggiustamenti per aiutarlo a invecchiare senza dover rinunciare a molte delle attività che amate fare insieme. Molti di questi adattamenti dovranno essere fatti in base alle capacità individuali di ciascun Corgi: il tuo cane potrebbe invecchiare lentamente all'inizio, per poi improvvisamente iniziare a mostrare i segni dell'età nel giro di poche settimane. Dovrai conoscere i limiti mutevoli del tuo cane in modo da poter continuare a essere attivi insieme senza spingerlo troppo oltre.

Foto di Betsy Ellsworth

I Corgi possono rallentare, ma non tendono a diventare brontoloni come molte altre razze di taglia piccola e media. Rimangono vivaci e amichevoli anche durante la loro età d'oro, rendendo facile dimenticare che semplicemente non sono più in grado di fare le cose che facevano una volta. Questo significa che potrai goderti gli ultimi anni tanto quanto i primi, con la differenza che non dovrai dedicare così tanto tempo all'addestramento e ai problemi comportamentali. Invece, potrai rilassarti e goderti una vita più tranquilla. È facile rendere gli anni da senior incredibilmente piacevoli per il tuo Corgi, apportando i necessari adattamenti che gli permettano di rimanere attivo senza affaticarsi troppo.

Cura del cane anziano

Foto di Sunny Hanford

Il tuo Corgi sarà molto più facile da accudire da anziano che in qualsiasi altro momento della sua vita. I pisolini saranno entusiasmanti quanto le passeggiate: dormire accanto a te mentre guardi qualcosa o anche fare un sonnellino insieme è praticamente tutto ciò che servirà al tuo Corgi per essere felice.

Tuttavia, devi continuare a essere vigile riguardo alla dieta e all'esercizio fisico. Questo non è il momento di lasciare che il tuo Corgi inizi a mangiare qualsiasi cosa o di trascurare le vostre regolari passeggiate: un Corgi anziano non può sopportare il peso in eccesso; quindi, devi fare attenzione a garantire che rimanga in salute anche con l'avanzare dell'età.

Se il tuo cane non riesce più a gestire lunghe passeggiate, rendile più brevi e più numerose e trascorri più tempo a giocare nel tuo giardino o in casa.

Per quanto riguarda gli oggetti a cui il tuo Corgi dovrà accedere regolarmente, dovrai apportare alcune modifiche alla tua configurazione attuale.

- Posiziona ciotole d'acqua in diversi punti della casa in modo che il tuo cane possa raggiungerle facilmente quando necessario. Se il tuo Corgi ha problemi alla colonna vertebrale, puoi collocare ciotole d'acqua leggermente rialzate in vari punti della casa per facilitare l'abbeveraggio.

- Copri le superfici dure del pavimento (come piastrelle, parquet e vinile). Usa tappeti o moquette che non scivolino sotto il tuo Corgi.

- Aggiungi cuscini e biancheria da letto più morbida dove dorme il tuo Corgi; questo renderà la superficie più confortevole e aiuterà il tuo Corgi a stare più al caldo. Esistono alcuni scaldini per cucce, se il tuo Corgi mostra spesso dolori articolari o muscolari.

- Aumenta la frequenza con cui spazzoli il tuo Corgi per migliorare la sua circolazione. Questo dovrebbe essere molto gradito al tuo Corgi come modo per compensare altre limitazioni nelle vostre attività insieme.

- Rimani in casa in caso di temperature estreme. Il tuo Corgi è resistente, ma il suo vecchio corpo canino non può gestire i cambiamenti estremi come faceva una volta.

- Usa scale o rampe per il tuo Corgi invece di sollevarlo continuamente. Prendere in braccio il tuo Corgi può essere più comodo, ma non è salutare per nessuno dei due: lascia che il tuo cane mantenga un po' più di autosufficienza.

- Evita di cambiare la disposizione dei mobili, soprattutto se il tuo Corgi mostra segni di problemi alla vista. Una casa familiare è più confortevole e meno stressante: se il tuo Corgi non riesce a vedere chiaramente, mantenere la casa familiare gli renderà più facile muoversi senza farsi male.

- Se hai delle scale, considera la possibilità di creare un'area dove il tuo cane possa stare senza dover usare le scale troppo spesso.

- Crea uno spazio dove il tuo Corgi possa rilassarsi con meno distrazioni e rumori. Probabilmente il tuo Corgi non vorrà stare da solo spesso, ma dovresti predisporre un posto dove tu e il tuo cane anziano possiate semplicemente rilassarvi senza rumori forti o improvvisi.

- Sii pronto a far uscire il tuo cane più spesso per le pause bagno.

Alimentazione

Poiché una diminuzione dell'esercizio fisico è inevitabile per i Corgi che invecchiano, dovrai adattare la dieta. Se scegli di nutrire il tuo Corgi con cibo commerciale per cani, assicurati di passare agli alimenti per cani anziani; se invece prepari tu il cibo per il tuo Corgi, prenditi il tempo per ricercare il modo migliore per ridurre le calorie senza sacrificare il gusto. Il tuo cane avrà bisogno di meno grassi nel suo cibo; quindi, potresti dover trovare qualcosa di più salutare che abbia comunque un buon sapore per integrare i tipi di alimenti che hai dato al tuo Corgi da cucciolo o da cane adulto attivo.

Esercizio fisico

L'esercizio fisico sarà un po' più complicato perché il tuo Corgi non vorrà ammettere che le attività che eravate soliti fare sono ora troppo difficili. Sta a te adattare il programma e mantenere il tuo Corgi felicemente attivo. Di solito, aumentare il numero delle passeggiate e diminuirne la durata aiuterà a mantenere il tuo Corgi attivo nella giusta misura.

Tieni presente che il tuo Corgi è più propenso ad aumentare di peso negli ultimi anni, qualcosa che il suo corpo non può davvero gestire. Assicurati che l'attività non sia troppo ridotta in modo che il tuo cane non diventi obeso.

Questa sarà probabilmente la parte più difficile nel vedere il tuo Corgi invecchiare; tuttavia, dovrai osservare il tuo Corgi per individuare segni di stanchezza o dolore in modo da poter interrompere l'esercizio prima che il tuo cane si sforzi troppo. Il tuo ritmo dovrà essere più lento e la tua attenzione più concentrata sul tuo cane, ma alla fine sarà essere altrettanto gratificante. Probabilmente noterai il tuo Corgi trascorrere più tempo ad annusare in giro: questo può essere un segno che il tuo cane si sta stancando, oppure potrebbe essere il modo in cui il tuo cane riconosce che le lunghe passeggiate costanti sono un ricordo del passato ed è pronto a fermarsi per godersi di più le piccole cose. È un periodo interessante e ti dà la possibilità di comprendere meglio il tuo Corgi mentre gli anni iniziano a farsi sentire.

Stimolazione mentale

A differenza del suo corpo, la mente del tuo Corgi probabilmente sarà altrettanto acuta e intelligente negli anni d'oro. Questo significa che puoi iniziare a fare aggiustamenti per concentrarti maggiormente su attività mentalmente stimolanti. Puoi iniziare a insegnargli trucchi divertenti, dal momento che il tuo Corgi sarà in grado di imparare ora come quando aveva un anno. In realtà, è probabile che sia più facile ora, poiché il tuo Corgi ha imparato a concentrarsi meglio.

Il tuo Corgi sarà grato per il cambio di programma e per l'attenzione aggiuntiva. Procurare al tuo Corgi anziano nuovi giocattoli è un buon modo per mantenere attiva la mente del tuo cane se non vuoi dedicare altro tempo all'addestramento. Puoi insegnare al tuo Corgi diversi nomi per i suoi giocattoli perché è qualcosa che gli interesserà (dopotutto, continuerà a lavorare per ricevere lodi). Qualunque giocattolo tu scelga, assicurati che non sia troppo duro per le mascelle e i denti del tuo cane anziano.

Il nascondino è un altro gioco che il tuo Corgi anziano può gestire con relativa facilità: che tu nasconda giocattoli o te stesso, questo gioco terrà il tuo Corgi in allerta e attento.

Controlli veterinari regolari

Proprio come gli esseri umani vanno dai medici più spesso con l'avanzare dell'età, il tuo Corgi avrà bisogno di visitare il veterinario con maggiore frequenza. Il veterinario può assicurarsi che il tuo Corgi rimanga attivo senza esagerare e che il tuo cane anziano non subisca stress inutili. Se il tuo cane ha subito un infortunio e te lo ha nascosto, è più probabile che il tuo veterinario riesca a rilevarlo.

Il tuo veterinario può anche fare raccomandazioni sulle attività e sui cambiamenti al tuo programma in base alle capacità fisiche del tuo Corgi e a eventuali cambiamenti nella personalità. Ad esempio, se il tuo Corgi ansima di più, potrebbe essere un segno di dolore dovuto alla rigidità. Il tuo veterinario può aiutarti a determinare il modo migliore per mantenere il tuo Corgi felice e attivo durante gli ultimi anni.

Disturbi comuni della vecchiaia

Il Capitolo 17 copre le malattie comuni o probabili nei Corgi, ma la vecchiaia tende a portare con sé una serie di disturbi che non sono particolari di una razza specifica. Ecco le cose a cui dovrai prestare attenzione (oltre a parlarne con il tuo veterinario).

- Il diabete è probabilmente la preoccupazione maggiore per una razza che ama mangiare tanto quanto i Corgi, specialmente con la loro corporatura piccola. Sebbene sia solitamente considerata una condizione genetica, qualsiasi Corgi può diventare diabetico se non alimentato ed esercitato correttamente. Questo è un altro motivo per cui è così importante fare attenzione alla dieta e ai livelli di esercizio del tuo Corgi.

- L'artrite è probabilmente il disturbo più comune in qualsiasi razza, e i Corgi non fanno eccezione. Se il tuo cane mostra segni di rigidità e dolore dopo le normali attività, è molto probabile che abbia l'artrite. Parla con il tuo veterinario dei modi sicuri per aiutare a minimizzare il dolore e il disagio di questo comune disturbo articolare.

- I problemi alle gengive sono comuni anche nei cani più anziani, e dovresti essere altrettanto vigile nel lavare i denti quando il tuo cane invecchia quanto lo saresti a qualsiasi altra età. Un controllo regolare dei denti e delle gengive del tuo Corgi può aiutare a garantire che questo non sia un problema.

- La perdita della vista o la cecità è relativamente comune nei cani anziani, proprio come negli esseri umani. A differenza degli esseri umani, tuttavia, i cani non si adattano bene agli occhiali. Fai controllare la vista del tuo cane almeno una volta all'anno o più spesso se è evidente che la sua vista sta peggiorando.

*Foto di
Elizabeth Schiavello*

● I problemi ai reni sono comuni nei cani anziani, quindi monitora attentamente il tuo Corgi man mano che invecchia. Se il tuo cane beve più spesso e ha incidenti regolarmente, può essere un segno di qualcosa di più serio del semplice invecchiamento. Se noti questi cambiamenti, porta il tuo Corgi dal veterinario il prima possibile e fallo controllare per verificare la presenza di problemi ai reni.

Godersi gli ultimi anni

Gli ultimi anni della vita del tuo Corgi possono essere altrettanto piacevoli (se non di più) rispetto alle fasi precedenti. L'energia e le attività che eravate soliti fare saranno sostituite da più attenzione e relax. Avere finalmente un Corgi abbastanza calmo da stare semplicemente fermo e godersi la tua compagnia può essere incredibilmente piacevole (ricorda solo di mantenere i suoi livelli di attività, invece di diventare troppo compiacente con il nuovo amore del tuo Corgi per il riposo e il relax).

Scalini e rampe

I Corgi sono piccoli, ma questo non significa che dovresti prenderli in braccio più spesso man mano che invecchiano. Ci sono due buone ragioni per assicurarti che il tuo Corgi possa muoversi senza essere sollevato.

● Le loro lunghe colonne vertebrali rendono meno sicuro e salutare essere sollevati spesso.

● L'indipendenza nel movimento è la cosa migliore per te e per il tuo Corgi: non vuoi che il tuo Corgi si aspetti di essere sollevato ogni volta che vuole salire sui mobili o in auto.

Scalini e rampe sono il modo migliore per garantire che il tuo Corgi non sia troppo viziato (forse "coccolato" è una parola migliore). Inoltre, evita alla schiena del tuo cane stress inutili.

Goditi i vantaggi

I Corgi possono essere molto divertenti nella loro vecchiaia. Sono ancora intelligenti come non mai, ma hanno imparato a rilassarsi un po' di più. La loro personalità cambierà un po', ma di solito significa solo che saranno più propensi a volersi rilassare con te.

Sono fantastici cani da terapia, quindi puoi portarli in luoghi dove i cani da terapia sono ben accetti (in particolare case di riposo). Questo può essere un ottimo modo per farli rilassare o sfogare la frustrazione dopo una giornata lunga o difficile. I Corgi più anziani sono fantastici compagni da trovare al ritorno a casa perché non desiderano altro che stare con te. Finché ci sei tu, sono felici: a volte questo è tutto ciò che serve per trasformare una giornata disastrosa in qualcosa di sopportabile.

Troveranno i posti più caldi e confortevoli, e vorranno che tu li raggiunga.

Sono incredibilmente devoti e saranno felici di condividere semplicemente una breve passeggiata seguita da una pigra serata a casa.

Cosa aspettarsi da un Pembroke anziano

I Pembroke anziani sono amichevoli come sempre, solo che hanno limitazioni a cui non sono abituati. Aiuta il tuo Pembroke ad adattarsi alle limitazioni e assicurati che sappia che sei ancora presente in modo che si senta meno stressato. La tua felicità è ancora della massima importanza, quindi assicurati di far sapere al tuo Pembroke che provi per lui gli stessi sentimenti di sempre. L'inclusione è incredibilmente importante.

Cosa aspettarsi da un Cardigan anziano

I Cardigan sono più propensi a mostrare un comportamento scontroso e sono più inclini alla pigrizia, se non li tieni in esercizio. Poiché sono più inclini ad apprezzare il relax anche da giovani, la transizione non sarà così difficile. Potresti dover dare loro un posto tutto loro se hai ospiti, però, perché potrebbero non gestire il rumore extra così bene come i loro cugini Pembroke.

www.ingramcontent.com/pod-product-compliance
Lightning Source LLC
Chambersburg PA
CBHW051210120626
46547CB00013B/1291